Briefe
an Behörden

Friedel Weber

Briefe an Behörden

Regeln, Tips und Musterbriefe

FALKEN

Im FALKEN Verlag sind zahlreiche weitere Titel zu den Themen „Korrespondenz“ und „Umgang mit Behörden“ erschienen. Fragen Sie Ihren Buchhändler.

Unser Beitrag zum Umweltschutz:
Papier aus chlorfrei gebleichtem Zellstoff

Die Deutsche Bibliothek – CIP-Einheitsaufnahme

Weber, Friedel:
Briefe an Behörden : Regeln, Tips und Musterbriefe /
Friedel Weber. – Niedernhausen/Ts. : FALKEN, 1995
ISBN 3-8068-1576-3

ISBN 3 8068 1576 3

Umschlaggestaltung: Peter Udo Pinzer
Redaktion: Dr. Dietrich Voorgang, Heidenrod
Titelbild: Peter Udo Pinzer

Satz: Competext, Heidenrod
Druck: Druckerei Parzeller GmbH, Fulda

817 2635 4453 6271

Inhalt

Schreiben an Behörden

Was man schwarz auf weiß besitzt

An den Behörden kommt niemand vorbei. Schon ein Neugeborenes muß auf dem Standesamt angemeldet werden. Behörden begleiten uns durch das ganze Leben. Stadt- und Gemeindeverwaltung, Landratsamt, Finanzamt, Ordnungsamt, Polizeibehörden, Bauamt, Schulamt und viele andere Behörden ordnen an, verbieten oder genehmigen.

Behörden bieten Informationen an

Der Umgang mit Behörden ist nicht immer ganz einfach, und manchmal haben wir auch Anlaß, uns zu ärgern. Aber Behörden sind wichtig für das Zusammenleben der Menschen in einer modernen Gesellschaft. Sie bieten den Bürgern zahlreiche Möglichkeiten der Unterstützung und Information, die in ihrem ganzen Ausmaß gar nicht immer bekannt sind. Wenn man aber darüber Bescheid weiß und einige Hinweise zum Umgang mit Behörden befolgt, hat man mehr Nutzen als Ärger.

Persönlicher Kontakt ist oft wichtig

Sicherlich lassen sich viele Angelegenheiten durch persönliche Vorsprache bei den Behörden regeln. Manchmal ist ein solcher persönlicher Kontakt mit dem zuständigen Sachbearbeiter bei einer Behörde sogar unerläßlich. Oft reicht auch ein Telefonat, um ein Ziel zu erreichen. Doch wird es auch immer wieder nötig sein, sich schriftlich an eine Behörde zu wenden.

Briefe können Beweise sein

Gerade im Umgang mit Behörden ist es oft wichtig, seine Anliegen in schriftlicher Form vorzutragen. Telefonate kann man allzu leicht vergessen, und man hat dann keinen Beleg über die eigenen Anfragen oder Anträge an die Behörde und über die von der Behörde gemachten Zusagen in der Hand. Ein Brief dagegen liegt auf dem Tisch und muß behandelt und beantwortet werden. Er kann als Beweismittel dienen, und man kann sich bei weiteren Eingaben darauf beziehen.

Wenn man einen Brief an eine Behörde schreibt, liegt dieser ein Schriftstück vor, das einiges über den Absender aussagt. Das ist vielen Menschen unangenehm, und deshalb greifen sie lieber zum Telefon als zu Briefpapier und Füller oder zur Schreibmaschine.

Bei privaten Briefen machen sich lediglich Verwandte oder Bekannte ihre Gedanken über den Absender. Diese Briefe kann man ohne große Mühe schreiben; man ist dabei nicht an Regeln gebunden. Bei Behördenbriefen liegt der Sachverhalt anders. Man hat ein Anliegen und will mit seinem Brief etwas erreichen.

Die Briefform ist an Regeln gebunden

Deshalb möchte man mit dem, was man schreibt, „ankommen" und Erfolg haben. Eine Voraussetzung dafür ist, sauber und weitgehend fehlerfrei zu schreiben, den Brief sinnvoll zu formulieren und ordentlich zu gestalten. Für die Gestaltung von offiziellen Briefen haben sich bestimmte Regeln eingebürgert, an die man sich halten sollte.

Mit jedem Schreiben gibt man gleichsam eine „Visitenkarte" ab. Ein Brief sagt etwas über den Absender aus. Aus diesem Grund haben viele Menschen Bedenken oder gar Ängste, einen wichtigen Brief zu schreiben.

Ich kann nicht schreiben

Diesen Satz hört man immer wieder. Viele Menschen tun sich sehr schwer, wenn sie einen Brief abfassen sollen. Dafür führen sie vielerlei Gründe an. Folgende Bedenken werden immer wieder geäußert:

- Ich weiß einfach nicht, wie ich den Brief beginnen soll;
- ich kann mich nicht gut ausdrücken;
- ich fühle mich in der Rechtschreibung nicht sicher genug;
- ich habe Schwierigkeiten mit Form und Gestaltung der Briefe;
- meine eigene Schrift ist zu unordentlich.

Diese Bedenken sind sicherlich nicht gerechtfertigt. Jeder hat bereits in der Grundschule gelernt zu schreiben und diese Fertigkeit in einer weiterführenden Schule vertieft und gefestigt. Und kaum jemand beherrscht alle Rechtschreibregeln und kann von sich sagen, er begehe keinen Verstoß gegen die komplizierten Rechtschreibregeln.

Was man nicht weiß, schlägt man nach

Man muß nicht alles wissen, auch nicht alle Regeln der Rechtschreibung oder der formalen und inhaltlichen Gestaltung von Briefen. Man muß nur wissen, wo es steht. Wenn man etwas nicht weiß, schaut man einfach nach.

Und genau diesem Zweck dient dieses Buch. Es informiert über die Gestaltung von Briefen an die verschiedensten Behörden und gibt Ratschläge und Tips. Wer diese Ratschläge befolgt, braucht keine Bedenken zu haben, einen Brief an eine Behörde zu schreiben.

Aller Anfang ist schwer

Besonders einen Brief zu beginnen fällt vielen Menschen schwer. „Ich weiß nicht, wie ich anfangen soll." Diese Klage war früher vielleicht sogar berechtigt. Man durfte nämlich am Briefanfang nicht „ich" schreiben. So war es manchmal schwer, den ersten Satz des Briefes zu formulieren, weil die meisten Sätze, die einem einfallen, mit „ich" beginnen.

Um das „ich" zu umgehen, wurden Briefanfänge oft in einer sehr gedrechselten Sprache formuliert, die im normalen Alltag kein Mensch benutzen würde: „Sehr geehrter Herr Schneider, möchte Ihnen für die mir übersandten Informationen danken" oder „Sehr geehrte Damen und Herren, teile ich Ihnen hiermit mit, daß ich mein Auto letzte Woche verkauft habe".

„ich" am Briefanfang kein Problem mehr

Heute kehrt man zu einer natürlichen Sprache zurück und muß sich nicht den Kopf zerbrechen, wie man einen Brief ohne „ich" am Anfang formuliert. Heute schreibt man so, wie man auch im täglichen Leben spricht: „Sehr geehrter Herr Schneider, ich möchte Ihnen für die mir übersandten Informationen danken" oder „Sehr geehrte Damen und Herren, ich teile Ihnen mit, daß ich mein Auto letzte Woche verkauft habe".

Ich beherrsche kein Amtsdeutsch

Die Briefe von Behörden wurden früher fast immer im sogenannten Amts- oder Behördendeutsch abgefaßt. Sie enthielten viele Floskeln und wurden weitgehend im Nominalstil geschrieben, d.h., man benutzte viele Substantive und substantivierte Verben.

> Sehr geehrter Herr Katz,
>
> bedauerlicherweise müssen wir Ihnen mitteilen, daß uns die Erteilung einer Erlaubnis für die Anbringung der Werbeschilder an der von Ihnen vorgesehenen Wand nicht möglich ist. Ihr Einverständnis voraussetzend, bringen wir eine andere Werbefläche in Vorschlag, in der Hoffnung, daß deren Werbewirksamkeit Ihre Zufriedenheit finden wird. Es wird ausdrücklich darauf hingewiesen, daß Ihre endgültige Entscheidung bis zum 24. des laufenden Monats gefällt sein muß, da wir sonst zur Vergabe der Werbefläche an einen anderen Bewerber gezwungen sind.
>
> Hochachtungsvoll

Amtsdeutsch klingt scheußlich

Dieser Brief klingt wahrhaft scheußlich. Wenn Sie nicht so schreiben können, dann ist das schon ein Gewinn. Fassen Sie Ihre Briefe so ab, wie Sie den Text sprechen würden. Machen Sie sich das Schreiben von Briefen nicht schwerer, als es ist. Suchen Sie nicht nach Formulierungen, die Sie im Alltag nie benutzen würden. Die Briefsprache ist keine besondere Sprache, sie kann Alltagssprache sein. Wer mit anderen sprechen kann, der kann auch schreiben.

Heute bemühen sich die Behörden, in einem vernünftigen, verständlichen und natürlichen Deutsch zu schreiben. Der Brief an Herrn Katz läßt sich auch in „deutscher" Sprache schreiben und lautet dann etwa so:

> Sehr geehrter Herr Katz,
>
> leider können wir nicht genehmigen, daß Sie die Werbeschilder an der Wand anbringen, die Sie vorgesehen haben. Wir schlagen Ihnen eine andere Werbefläche vor und hoffen, daß Sie mit der Werbewirksamkeit dieser Fläche zufrieden sind. Teilen Sie uns bitte Ihre Entscheidung bis zum 24. August mit, weil wir sonst die Werbefläche an einen weiteren Bewerber vergeben müssen.
>
> Mit freundlichen Grüßen

In Behörden sitzen auch Menschen

Wenn man ein Anliegen an eine Behörde hat, dann sollte man sich nicht scheuen, an die zuständige Behörde zu schreiben. Denn die Behörden sind für uns da und nicht umgekehrt.

Beamte sind auch Menschen

Allerdings sollte man sich über den Inhalt und die Gestaltung des Briefes schon einige Gedanken machen. Denn die Behörde ist kein anonymer Apparat. Dort sitzen Menschen mit all den Fehlern und Eigenarten, die Menschen nun einmal haben:

- Sie können gut oder schlecht gelaunt sein;
- sie können Ärger haben;
- sie sind vielleicht gesundheitlich nicht auf der Höhe;
- sie sind frustriert über persönliche Mißerfolge;
- es gibt Spannungen in der Familie;
- sie reagieren abweisend auf persönliche Angriffe;
- sie freuen sich über Lob.

Man kann natürlich nicht wissen, in welcher „Laune“ sich der Empfänger eines Briefes gerade befindet. Doch wird er in jedem Fall einen netten Brief wohlwollender aufnehmen als einen aggressiven. Das sollte man auch bedenken, wenn man an einen Mitarbeiter einer Behörde schreibt.

Vor dem Schreiben sollte man sich über einige Fragen im klaren sein:

- Welchen Anlaß hat der Brief?
- Welches Ziel will ich erreichen?
- Ist der Empfänger schon über den Tatbestand informiert?
- Was muß er von mir wissen? Was ist wichtig für ihn?
- Wer ist der Empfänger? Kenne ich seinen Namen?
- Wie wird der Empfänger auf meinen Brief reagieren?

Ein freundlicher Brief kommt besser an

Die letzte Frage können Sie sich am besten beantworten, wenn Sie sich vorstellen, Sie seien der Empfänger des Briefes. Wie würden Sie auf den vor Ihnen liegenden Brief reagieren? Wenn der Brief aggressiv oder beleidigend ist, wären Sie sicherlich verärgert. Wenn der Brief aber freundlich und höflich gehalten ist, reagieren Sie selbst auch höflich und wohlwollend. So wird es auch dem Adressaten Ihres Briefes ergehen.

Schreiben Sie Ihre Briefe also stets in höflicher Form. Denken Sie an das alte Sprichwort: Wie man in den Wald hineinruft, so schallt es heraus. Reagieren Sie in Ihren Briefen nicht verärgert. Schreiben Sie den Brief nie unter dem Gesichtspunkt: Dem werde ich's zeigen. Dann erreichen Sie nichts. Man soll seinen Brief natürlich auch nicht in kriecherische Freundlichkeit einkleiden. Man darf seinen Standpunkt durchaus klar vertreten und kann trotzdem höflich sein und dem Adressaten den nötigen Respekt entgegenbringen.

Seinen Standpunkt klar, aber höflich vertreten

Ein Brief sagt mehr, als darin steht

Selbst wenn jemand die Rechtschreibung nur ungenügend beherrscht, die übliche formale Gestaltung nicht kennt und nur ungeschickt formuliert, kann er doch dem Empfänger signalisieren, daß er ihn ernst nimmt, sich Mühe gibt und daß ihm der Sachverhalt, um den es im Brief geht, am Herzen liegt. Neues weißes, fleckenfreies Papier und saubere Briefumschläge weisen schon darauf hin, daß man sich wenigstens Mühe gegeben hat.

Weißes Briefpapier und saubere Umschläge benutzen

Bevor der Empfänger den Brief öffnet und liest, bekommt er bereits einen ersten Eindruck vom Absender. Dieser erste Eindruck wird mitbestimmend dafür sein, ob der Empfänger den Brief mit einer wohlwollenden oder eher ablehnenden Einstellung liest. Wenn man selbst einen Brief auf einem abgerissenen, karierten Stück Papier in nachlässig hingeworfener Schrift erhält, dann fühlt man sich nicht ernst genommen. Daraus kann man den Schluß ziehen, daß der Absender sein Anliegen nicht wichtig nimmt.

Bereits die Wahl des Papiers ist also wichtig. Bei Briefen an Behörden ist es üblich, weißes, unliniertes Briefpapier im DIN-A4-Format zu verwenden. Wenn man seinen Brief mit der Hand schreibt, hilft ein liniertes Unterlegblatt, die Zeilen genau einzuhalten.

Auch beim Falten des Briefbogens geht man sorgfältig vor. Ob man das Blatt zuerst quer oder längs faltet, immer sollen die dann aufeinanderliegenden Kanten exakt parallel laufen. Den sorgfältig gefalteten Brief steckt man in einen sauberen und ordentlich adressierten Umschlag. Nähere Informationen über die formale Gestaltung von Briefen und Briefumschlägen folgen weiter unten.

Falten des Briefbogens

Bearbeitungszeit

Sicher kennen Sie das Sprichwort: Gut Ding will Weile haben. Ganz besonders trifft das oft auf Behörden zu. Das kann verschiedene Gründe haben:

- Die geltenden Vorschriften müssen nachgeschlagen und genau eingehalten werden. Für spontane, großzügige Entscheidungen bleibt kein Spielraum. Bei Fehlentscheidungen könnte der Bürger klagen und den Rechtsweg einschlagen. Der betreffende Beamte würde zur Rechenschaft gezogen, und die Behörde müßte unter Umständen haften.
- Der Zuständigkeitsbereich für eine bestimmte Entscheidung ist manchmal nicht ganz klar. Wenn ein Beamter sich für einen bestimmten Fall nicht zuständig fühlt, wird er sich nicht voll engagieren.
- Der Instanzenweg muß bei vielen Entscheidungen eingehalten werden. Oft sind mehrere Behörden oder Abteilungen bei Entscheidungen beteiligt, wie z.B. bei einem Bauantrag. Der gestellte Antrag muß alle diese Abteilungen durchlaufen, und das kostet natürlich Zeit.

Zähigkeit und Ausdauer

Bei vielen Behörden kann man nur etwas erreichen, wenn man mit großer Zähigkeit am Ball bleibt. Ein einziger Brief ist oft zu wenig, um zum Ziel zu kommen. Man muß immer wieder nachhaken und sich auf seine früheren Briefe beziehen. Auch wenn man mit einer Behörde telefoniert, ist es sinnvoll, einen Beleg darüber zu haben. Deshalb sollte man eine Telefonnotiz mit folgenden Angaben anlegen:

- Datum und Uhrzeit des Gespräches,
- Behörde und Abteilung,
- Name des Gesprächspartners,
- Grund des Anrufs,
- Inhalt des Gesprächs.

Briefe an verschiedene Adressen

Sinnvoll ist es auch, seinen Brief nicht nur an eine Adresse zu schicken, sondern Durchschläge oder Kopien des Briefes für andere mit dem Vorgang befaßte Personen anzufertigen. Vermerken Sie auf Ihrem Brief, wem Sie Kopien des gleichen Briefes zugeschickt haben. Wenn ein Empfänger weiß, daß noch andere Personen den Brief erhalten haben, wird er sich schneller mit dem Vorgang befassen müssen.

Es kann auch ratsam sein, seinen Brief an die einzelnen Fraktionen im Gemeinderat, Stadtrat oder Magistrat zu schicken. Jede Partei ist auf Wählerstimmen angewiesen und wird aus diesem Grunde bemüht sein, auf die Anliegen der Bürger einzugehen.

Den Sachbearbeiter persönlich ansprechen

Es immer gut, wenn man den zuständigen Sachbearbeiter mit Namen kennt und ihn persönlich ansprechen kann. In diesem Falle kann er sich nicht so leicht seiner Verantwortung entziehen. Wenn er sich nicht selbst für zuständig hält, wird er die Akte schneller weiterleiten.

Nützliche Hinweise für Behördenbriefe

Zusammenfassend: Man sollte nicht nach einem Brief gleich aufgeben. Wenn man nach vier Wochen noch keine Antwort hat, sollte man nachhaken. Man sollte sich über den Namen des zuständigen Sachbearbeiters informieren. Nützlich ist ein Anruf bei der Behörde. Man sollte eine Gesprächsnotiz anlegen, auf die man sich bei weiteren Schreiben berufen kann. Auch ein Schreiben an die im Gemeindeparlament vertretenen Fraktionen kann weiterhelfen.

Formlos oder Formblatt

Wie man sich an eine Behörde wendet, hängt ganz von dem jeweiligen Anliegen ab. In vielen Fällen müssen Formblätter, also vorgedruckte Formulare, ausgefüllt und eingereicht werden. Diese können recht umfangreich sein. Beispiele dafür sind die Formulare für die Einkommensteuererklärung oder der Antrag auf Rückerstattung zuviel gezahlter Lohnsteuer.

Formlose Briefe

Eine Reihe von Anträgen kann man auch formlos stellen. Formlos heißt in diesem Fall, daß man kein vorgedrucktes Formular benötigt. Man kann sein Anliegen frei formulieren und in einem ganz normalen Brief vortragen. Dieser Brief sollte natürlich nicht „formlos" sein, sondern sich an die Regeln für die Gestaltung von Briefen halten.

Wenn man ein Anliegen an eine Behörde hat, braucht man sich zunächst keine Gedanken darüber zu machen, ob ein Formular auszufüllen ist oder ob ein Antrag ausreicht. Man schreibt einfach formlos an die Behörde. Sollte ein Formblatt erforderlich sein, wird die Behörde diesen Vordruck von sich aus zuschicken.

Ein Antrag wird abgelehnt

Es kommt leider ab und zu vor, daß ein Behördenbescheid nicht unseren Vorstellungen entspricht oder ein Antrag ganz abgelehnt wird. In diesen Fällen kann man gegen den Bescheid (z.B. Steuerbescheid) oder gegen die Ablehnung eines Antrages (z.B. Antrag auf Wohngeld) Widerspruch einlegen. Auf dem Bescheid ist vermerkt, welche Fristen einzuhalten sind.

Widerspruch

Erneuter Antrag bei Ablehnung des Erstantrages

In manchen Fällen ist es aber sinnvoller, bei einem abgelehnten Antrag auf einen Widerspruch zu verzichten und statt dessen einen neuen Antrag einzureichen. In diesem neuen Antrag können Sie Ihr Anliegen noch ausführlicher begründen und auf die Ablehnungsgründe der Behörde eingehen und diese widerlegen. Mit einem gut begründeten neuen Antrag kommt man oft schneller zum Ziel als mit einem Widerspruchsverfahren, das sich über Wochen oder Monate hinziehen kann.

Aktenordner – eine nützliche Hilfe

Es ist sinnvoll, für die Behördenkorrespondenz einen Aktenordner anzulegen. Dort heftet man, nach Behörden getrennt, die Durchschläge oder Kopien der eigenen Briefe und weitere Belege, wie Telefonnotizen, sowie die Antwortschreiben ab.

Vorteile eines Aktenordners

Ein solcher Ordner bietet entscheidende Vorteile, die man sehr bald schätzen wird:

- Alle Briefe sind nach Behörden geordnet. Ein Schreiben ist also schnell wiederzufinden.
- Ist man persönlich bei einem Anruf der Behörde nicht zu Hause, finden auch Familienmitglieder die für Rückfragen notwendigen Unterlagen.
- Die Briefe und Telefonnotizen in einem Ordner gehen nicht so leicht verloren. Man kann jederzeit – auch nach Jahren noch – darauf zurückgreifen.
- Die abgehefteten Briefe sind eine Fundgrube für Briefe, die man später einmal schreibt. Oft ist man froh, wenn man in seinen eigenen Briefen nachsehen kann, wie man einen bestimmten Sachverhalt früher schon einmal formuliert hat.

Wichtige Regeln zur Rechtschreibung

Allgemeine Tips

Wie sicher jemand in der Rechtschreibung ist, läßt keinen Rückschluß auf seine Intelligenz zu. Trotzdem ist das Vorurteil immer noch weit verbreitet, Rechtschreibfehler seien ein Zeichen von Dummheit. Um diesen Eindruck erst gar nicht zu erwecken, sollte man sich generell um eine gute Rechtschreibung bemühen. Nachlässigkeitsfehler kann man am ehesten vermeiden, wenn man konzentriert schreibt und sich selbst kontrolliert, denn allein durch Unkonzentriertheit schleichen sich leicht Fehler ein.

Vermeidung von Rechtschreibfehlern

Um eventuell doch unterlaufene Fehler zu finden, sollte man sich das Geschriebene noch einmal gründlich durchlesen, bevor man einen Brief abschickt. Dabei darf man den Text aber nicht nur oberflächlich überfliegen, denn häufig liest man über die eigenen Fehler hinweg. Erst wenn man langsam und gründlich liest und dabei jeden Laut eines Wortes überprüft, findet man die Fehler.

Der Duden – ein praktisches Hilfsmittel

Selbst wer sich in der Rechtschreibung bestens auskennt, macht bei den komplizierten deutschen Rechtschreibregeln ab und zu Fehler. Deshalb sollte beim Schreiben immer ein Rechtschreib-Duden oder ein deutsches Wörterbuch griffbereit sein, damit man in Zweifelsfällen nachschlagen kann. Man muß nicht alles wissen, man muß nur wissen, wo man etwas findet!

Informationen aus dem Duden

Neben der korrekten Schreibweise finden sich im Duden auch Angaben zur Trennung eines Wortes, zum Artikel (Geschlechtswort), zum Genitiv (zweiten Fall) und zum Plural (Mehrzahl). Der erste Teil des Dudens enthält darüber hinaus allgemeine Regeln zur Rechtschreibung, Silbentrennung und Formenlehre.

Datumsangaben

Im Briefkopf wird immer das Datum angegeben, an dem der Brief geschrieben ist. Im Brieftext selbst muß man häufig weitere Daten von Ereignissen nennen oder sich auf Daten früherer Schreiben beziehen. Dafür gelten folgende Regeln:

Datum im Briefkopf

Datum im Brieftext

Im *Briefkopf* steht zwischen Ortsangabe und Datum kein Artikel, also beispielsweise „München, 23. 4. 19..". Anders im *Brieftext:* Wenn vor dem Datum ein Wochentag steht, erhält der Artikel vor dem Datum denselben Fall wie der Wochentag, und zwar den Dativ oder den Akkusativ. Beispiele für den Dativ sind: „Wir erhielten Ihren Brief am Freitag, dem 13. 6. 19.." oder „Nach (de*m*) Dienstag, de*m* 17. 5. 19.., nehmen wir keine Anträge mehr an". Der Akkusativ wird beispielsweise in folgendem Satz verwendet: „Der Abgabetermin wird auf (de*n*) Mittwoch, de*n* 23. 6. 19.., verschoben". Die beiden Artikel vor dem Wochentag und dem Datum enden jeweils auf den gleichen Laut, also entweder auf „m" oder auf „n".

Silbentrennung

Wenn ein Wort zu lang ist und nicht mehr ganz in eine Zeile paßt, beginnen viele Schreiber lieber mit einer neuen Zeile, weil sie nicht wissen, wie das Wort getrennt wird. Oder sie schreiben es doch noch ganz in die Zeile, auch wenn es über die Randmarkierung hinausreicht. Das führt zu einem sehr unregelmäßigen Rand.

Gleichmäßige Zeilenlänge

Ein Brief sieht aber optisch wesentlich schöner aus, wenn alle Zeilen in etwa gleich lang sind. Um das zu erreichen, muß man die Silbentrennung beherrschen, um längere Wörter im Bedarfsfall zu trennen. Bei der Silbentrennung wird zwischen Grundregeln und Sonderregeln unterschieden.

Grundregeln

- Man trennt nach Sprechsilben. Diese ergeben sich bei ganz langsamem Sprechen von selbst, beispielsweise: Wie-der-ho-lung, An-fangs-sta-di-um, Wan-der-vo-gel.
- Besteht eine Silbe aus einem Vokal (Selbstlaut), so wird sie nicht abgetrennt: Abend, Esel, Igel, Abon-ne-ment.

- Die Laute ei, au, eu lassen sich von einem Wort abtrennen, z.B.: Ei-ter, ei-len, Eu-ter, Au-la.

Sonderregeln

- Einzelne Konsonanten (Mitlaute) kommen zur nächsten Silbe, beispielsweise: be-son-ders, Ne-bel, lö-sen, Ha-fen.
- Als einzelne Konsonaten gelten auch ß, x, th, ch, sch; getrennt wird also z.B.: Stra-ße, Fa-xen, Stro-phe, la-chen, na-schen.
- Kommen in einem Wort mehrere Konsonanten vor, so kommt nur der letzte zur nächsten Silbe: wan-ken, kämp-fen, städ-tisch, Verwand-te.
- st wird nicht getrennt, es sei denn, s und t gehören zu verschiedenen Wortbausteinen: Fen-ster, Ne-ster, We-sten; *aber:* Haus-tür, Diens-tag, aus-treiben.
- ck wird zu k-k: wek-ken, Dak-kel, hak-ken.
- Die Laute b, p, d, t, g, k bilden mit l und r eine Einheit und werden nicht davon getrennt: Pu-bli-kum, Du-pli-kat, neu-tral, Fa-brik.
- Bei zusammengesetzten Wörtern trennt man nach den einzelnen Wortbauteilen, auch wenn es anderen Trennungsregeln widerspricht, beispielsweise: her-an, her-auf, hin-aus, Ver-ein, vor-an, war-um, voll-en-den.

Da man die Herkunft eines Wortes und damit die Wortbestandteile nicht immer kennt, sollte man schwierigere Fälle im Duden nachschlagen.

Sinnvolles Trennen

Übertriebenes Trennen erschwert das verstehende Lesen. Man sollte möglichst nach Wortbauteilen trennen. Das Wort Fahrerlaubnis trennt man sinnvoll folgendermaßen: Fahr-erlaubnis. Das Wort Fahrerflucht: Fahrer-flucht.

Sinnenstellendes Trennen

Vor allem darf der Sinn eines Wortes durch das Trennen nicht entstellt werden. Wenn man z.B. das Wort „Zwergel-stern" liest, wird man es zunächst nicht verstehen, weil die Trennung ein spontanes Verstehen verhindert. Bei sinnvoller Trennung versteht man das Wort sofort: Zwerg-elstern.

Anredefürwörter

Fürwörter (Pronomen) sind Wörter, die für Personen oder Sachen stehen. Anredefürwörter beziehen sich auf die angesprochene Person. Man unterscheidet besitzanzeigende Anredefürwörter (Dein, Euer, Ihre) und persönliche Anredefürwörter (Du, Sie, Ihr).

Alle Fürwörter, die sich nicht auf die angesprochene Person beziehen, werden auch im Brief klein geschrieben, beispielsweise: er, wir, mein, sie, es, sein, unser, ich. Dagegen werden Anredefürwörter in Briefen immer *groß* geschrieben. Dazu ein Beispiel:

> Sehr geehrter Herr Schlatten,
>
> als ich *Sie* in meinem letzten Schreiben bat, *Ihre* Stellungnahme noch einmal zu überdenken, wollte ich *Sie* keineswegs persönlich angreifen. Es tut mir leid, wenn *Sie* mein Schreiben so verstanden haben.

Straßennamen

Postfach

In vielen Behördenadressen gibt man heute statt des Straßennamens ein Postfach an. Die Behörde hat auf dem Postamt ein Postfach eingerichtet, von wo die eingehende Post abgeholt werden kann. So ist die Behörde nicht auf die Postzustellung durch den Postdienst angewiesen.

Schreibweise von Straßennamen

Bei den meisten Anschriften und Adressen müssen aber immer noch Straßennamen angegeben werden. Im Schriftverkehr und sogar auf Straßenschildern werden sie allerdings oft nicht regelgemäß geschrieben. Einen ersten guten Eindruck kann man machen, wenn die Schreibweise der Straßennamen in der Anschrift korrekt ist.

Zusammenschreibung

Tritt zu dem Wort Straße, Allee, Weg usw. ein einzelnes Substantiv (Hauptwort), ein Eigenname oder ein Adjektiv (Eigenschaftswort) in der Grundform, so schreibt man zusammen, z.B.: Brunnenstraße, Wilhelmstraße, Hochstraße, Schillerallee, Ahrstraße, Lessingplatz, Bismarckring.

Getrenntschreibung ohne Bindestrich
Tritt zu dem Wort Straße, Platz usw. ein Adjektiv mit Beugungsendung oder ein von Orts- und Ländernamen abgeleitetes Adjektiv auf -er oder -isch, so schreibt man getrennt, beispielsweise: Alte Gasse, Englische Straße, Kölner Allee.

Zusammensetzungen mit einer Präposition (Verhältniswort) schreibt man ebenfalls getrennt. Adjektive in solchen Straßenbezeichnungen werden groß geschrieben, z.B.: Im Kühlen Grunde, Zur Schönen Aussicht, Unter den Linden, Am Alten Schloß, Alter Burggraben, Am Hohen Tor, Hohe Straße.

Getrenntschreibung mit Bindestrich
Besteht das Bestimmungswort vor Straße, Platz usw. aus mehreren Substantiven, so verbindet man alle Wörter mit einem Bindestrich, beispielsweise: Konrad-Adenauer-Straße, Friedrich-Ebert-Platz, Karl-Marx-Allee, Kaiser-Wilhelm-Platz.

Zeitangaben

In Briefen sind öfter Zeitangaben erforderlich. Erfahrungsgemäß werden solche Angaben häufig falsch geschrieben. Folgende Rechtschreibregeln gelten für Zeitangaben:

Zeitangaben werden *groß* geschrieben, wenn sie als Substantive benutzt werden, d.h. einen Artikel (Geschlechtswort), eine Präposition (Verhältniswort) oder ein Pronomen (Fürwort) vor sich haben. Beispiele sind: der Morgen, die Nacht, des Nachts, eines Mittags, am Abend, am gestrigen Morgen, gegen Mittag, am Freitagmorgen, am Mittwochnachmittag, Ende August.

Zeitangaben werden *klein* geschrieben, wenn sie als Adverbien (Umstandswörter) benutzt werden. Dann steht kein Artikel usw. davor. Auch dazu einige Beispiele: gestern, heute, morgen, übermorgen, morgens, abends, gestern vormittag, morgen abend, heute mittag, Donnerstag nachmittag.

Sprachliche Briefgestaltung

Persönlicher Briefstil

Eine ausführliche Abhandlung über Sprachgestaltung und Stilkunde würde den Rahmen dieses Buches sprengen. Außerdem muß man kein Lehrbuch über Sprachstil und Sprachgestaltung durcharbeiten, um Behördenbriefe schreiben zu können. Jeder soll im wesentlichen seinen persönlichen Schreibstil beibehalten.

Die folgenden Tips sollen dabei helfen, den eigenen Briefstil eventuell zu verbessern, sprachliche Fehler zu vermeiden und Briefe besser zu gestalten.

Treffende Verben

Die nichtsagenden Wörter „machen", „sein" und „tun" lassen sich in den meisten Fällen durch erheblich ausdrucksstärkere und treffendere Verben ersetzen. Dadurch werden die Sätze anschaulicher und lebendiger.

Statt „mein Nachbar vergißt stets, das Licht im Treppenhaus auszumachen", „mein Arm tut weh" oder „das Heft ist im Schrank" schreibt man treffender „mein Nachbar vergißt stets, das Licht im Treppenhaus zu löschen", „mein Arm schmerzt" und „das Heft liegt im Schrank".

Für das Wort „machen" gibt es vielfältige Ersatzsatzmöglichkeiten:

sauber machen	–	säubern, abwaschen, putzen, reinigen;
ganz machen	–	flicken, reparieren, kleben;
ausmachen	–	ausschalten, ausknipsen, löschen;
aufmachen	–	öffnen, aufklappen, aufziehen, aufbinden;
heiß machen	–	erhitzen;
zumachen	–	schließen, zuklappen, zudrehen.

Wechsel in den Satzanfängen

Ein Brief wirkt eintönig und sprachlich holprig, wenn immer wieder die gleichen Satzanfänge auftauchen, wie das folgende Beispiel zeigt:

> Sehr geehrte Damen und Herren,
>
> ich bin von Ihren Beamten bisher immer gut bedient worden. Das Verhalten von Frau Schneider hat mich jedoch sehr geärgert. Ich kam am 3. 4. kurz vor 10.00 Uhr in das Postamt, um Briefmarken zu kaufen. Ich stellte auf dem Heimweg fest, daß ich die Briefmarken zu 1 DM am Schalter liegengelassen hatte. Ich lief sofort zurück und ...

Umstellung von Satzgliedern

In diesem Brief beginnen zu viele Sätze mit „ich“. Besser ist es, die Satzanfänge zu variieren. Dazu stellt man den Satz um und setzt ein anderes Satzglied an den Anfang des Satzes. Statt „Ich bin von Ihren Beamten bisher immer gut bedient worden“ kann man auch schreiben: „Bisher bin ich von Ihren Beamten immer gut bedient worden“. Oder man schreibt an den Satzanfang, wie man etwas tut. Allerdings sollte der Ausdruck treffend sein. So könnte es statt „Ich stellte auf dem Heimweg fest, daß ...“ auch heißen: „Verärgert stellte ich auf dem Heimweg fest, daß ...“.

Der Brief könnte in veränderter Form folgendermaßen lauten:

> Sehr geehrte Damen und Herren,
>
> bisher bin ich von Ihren Beamten immer gut bedient worden. Das Verhalten von Frau Schneider hat mich jedoch sehr geärgert. Am 3. 4. kam ich kurz vor 10.00 Uhr in das Postamt, um Briefmarken zu kaufen. Verärgert stellte ich auf dem Heimweg fest, daß ich die Briefmarken zu 1 DM am Schalter liegengelassen hatte. Sofort lief ich zurück und ...

Der zweite Brief klingt sprachlich wendiger und lebendiger, weil die Satzanfänge wechseln.

Verwendung von Fremdwörtern

Man sollte in seinen Briefen seinem Sprachstil treu bleiben. Wenn man besonders gute Sätze mit klangvollen Wörtern formulieren will, erreicht man oft das Gegenteil. Vor allem sollte man keine Fremdwörter verwenden, die man nicht auch ansonsten benutzt und deren Bedeutung einem womöglich nicht ganz klar ist.

Besser ein deutsches Wort als ein Fremdwort

Die deutsche Sprache besitzt für fast alle Dinge und Sachverhalte treffende Worte. Es ist besser, ein deutsches Wort zu verwenden, wenn damit ein Fremdwort vermieden werden kann. Ein schlichter deutscher Satz kommt eher an als ein mit scheinbar gewichtigen Fremdwörtern gespickter Satz, der schwülstig oder gekünstelt wirkt.

Die drei folgenden Sätze sagen jeweils das gleiche aus, obwohl die Wortwahl ganz unterschiedlich ist. Der erste Satz ist eine schlichte, aber klare und allgemein verständliche Aussage. Im zweiten Satz wird der gleiche Inhalt in umständliches Deutsch verpackt. Der dritte Satz ist künstlich mit Fremdwörtern vollgepackt:

- Die dümmsten Bauern haben die dicksten Kartoffeln.
- Die Dicke der unterirdischen Feldfrucht verhält sich umgekehrt zu der geistigen Fähigkeiten des Landwirts.
- Die radiale Expansion des subterraren Agrarprodukts ist reziprok zur intellektuellen Kapazität des agrar agierenden Individuums.

Falscher Gebrauch eines Fremdwortes

Wenn man sich verleiten läßt, im Brieftext Fremdwörter zu benutzen, deren Bedeutung man nicht genau kennt, ist man vor einem falschen Gebrauch nicht sicher. Bei falschem Gebrauch eines Fremdwortes entstellt man den Sinn des Satzes und macht sich zudem noch lächerlich.

Beim Sprechen ist ein falsch gebrauchtes Fremdwort nicht so tragisch. Es rauscht an den Ohren der Zuhörer vorbei, und sie werden es für einen Ausrutscher halten und schnell vergessen. Wenn der Adressat eines Briefes es aber schriftlich vor sich sieht, kann er es wiederholt lesen.

Auch modische Fremdwörter, wie Job, Boß, cool, fighten usw., sollte man vermeiden. In einen sachlichen Behördenbrief passen diese Wörter nicht.

Von der Idee zum formal richtigen Brief

Leichter geht's ins unreine

Schwierigkeiten bei der Formulierung

Jeder, der schon einmal an eine Behörde geschrieben hat, weiß, wie schwer man sich oft tut, einen Brieftext zu formulieren. Man hat sein Anliegen genau im Kopf und sitzt grübelnd vor dem Blatt Papier oder vor der Schreibmaschine, und es kommt kein vernünftiger Satz aufs Papier. Das liegt oft daran, daß man den Brief direkt ins reine schreiben will. Dadurch setzt man sich selbst unter Druck, weil jeder Satz sofort sprachlich, inhaltlich und rechtschriftlich korrekt sein muß.

Vorschreiben des Brieftextes

Man kann sich die Aufgabe erleichtern, wenn man den Brief zunächst vorschreibt. Dann kann man seinen Gedanken freien Lauf lassen, weil man die Möglichkeit hat, das Geschriebene noch einmal zu überarbeiten. So steht man nicht unter Druck und hat den Text, der noch nicht endgültig sein muß, schnell geschrieben. Der Widerstand, der sich oft zwischen Gedanken und geschriebenem Satz aufbaut, wird erheblich kleiner.

Liest man den Text anschließend durch, stellt man oft überrascht fest, daß inhaltlich nicht mehr viel zu verändern ist. Lediglich Rechschreibkorrekturen und kleine sprachliche Veränderungen sind vor der Reinschrift noch erforderlich.

Briefform

Es kommt nun darauf an, dem Brief eine ansprechende Form zu geben. Dabei sollte man nicht kleinlich an vorgegebenen Regeln kleben. Wichtig ist, daß der fertige Brief einen sauberen, ordentlichen und ansprechenden Eindruck macht.

Handschriftlicher Brief oder Maschinenbrief

Form und Gestaltung eines Briefes hängen natürlich davon ab, ob man mit der Hand oder mit Schreibmaschine bzw. Computer schreibt. Bei allen Behörden werden heute die Briefe mit Schreibmaschine oder Computer geschrieben. Ein geübter Maschinenschreiber schreibt einen Brief so wesentlich schneller als mit der Hand. Außerdem sind Schreibfehler leichter zu korrigieren.

Auch Briefe an die Behörden schreibt man üblicherweise mit der Maschine. In vielen Haushalten gibt es jedoch keinen Computer oder eine Schreibmaschine. Viele Menschen schreiben nur sehr selten Briefe und scheuen die Anschaffung einer Maschine oder eines Computers, weil Kosten und Nutzen in keinem Verhältnis stehen. Andere wiederum besitzen eine Schreibmaschine, können aber nicht damit umgehen. Daher schreiben sie ihre Briefe lieber mit der Hand. Das ist durchaus legitim. Auch ein handgeschriebener Brief kann sauber gestaltet sein und beim Empfänger gut ankommen.

Jeder Mensch hat seine eigene Handschrift. Diese läßt sich nicht wesentlich verändern. In jeder Handschrift kann man jedoch ordentlich und sauber schreiben und sich mit seinem Brief an die allgemein üblichen Gestaltungsregeln halten. Wer diese Regeln beachtet, braucht sich nicht zu scheuen, einen handschriftlichen Brief an eine Behörde zu schicken.

Seitenaufteilung

Kurze Briefe

Damit ein Brief leicht lesbar und verständlich wird, verteilt man den Text in ansprechender Form auf der Seite. Üblicherweise werden für Briefe DIN-A4-Seiten verwendet. Auch kürzere Briefe können sinnvoll über eine ganze Seite aufgeteilt werden. Zwischen den einzelnen Briefteilen, wie Absenderangabe, Anschrift usw., läßt man einfach größere Absätze. Es sieht nicht sehr schön aus, wenn der Brieftext auf die obere Seitenhälfte gedrängt ist und die untere Hälfte freibleibt.

Lange Briefe

Einen längeren Brieftext sollte man nicht auf eine Seite zusammendrängen, so daß unten fast kein Platz mehr für die Unterschrift bleibt.

Besser ist es, den Text auf zwei Seiten zu verteilen. Dabei ist es oft sinnvoll, den unteren Rand der ersten Seite etwas breiter zu lassen, damit auch auf dem zweiten Blatt noch genügend Text steht. Auf keinen Fall sollten auf der zweiten Seite nur die Grußformel und die Unterschrift stehen.

Randbreite

Auf der linken Seite läßt man einen etwa 3 cm breiten Rand. Die Zeilen sollten nicht nicht zu lang sein, damit auch rechts ein etwa 3 cm breiter Rand bleibt. Bei handgeschriebenen Briefen lassen sich diese Ränder leichter einhalten, wenn man vor dem Schreiben den Rand mit einem dünnen Bleistiftstrich einzeichnet oder ein Unterlegblatt mit Rand benutzt. Bei maschinengeschriebenen Briefen stellt man die Randsteller der Maschine vorne auf 10 Grad und hinten auf 70 Grad ein.

Um einen möglichst gleichmäßigen rechten Rand zu erreichen, muß man längere Wörter am Ende einer Zeile manchmal trennen. Wenn man nicht sicher ist, wie ein Wort getrennt wird, schaut man bei den Trennungsregeln oder im Duden nach.

Textgliederung

Informationsabschnitt

Jeder Brief enhält eine ganze Reihe verschiedener Gedanken und Informationen, die möglichst deutlich und überschaubar wiedergegeben werden sollen. Meist benötigt man für einen Gedankengang oder eine Information im Brief mehrere Sätze. Diese Sätze bilden zusammen einen Informationsabschnitt.

Absätze

Nach einem solchen Informationsabschnitt macht man einen Absatz und beginnt mit dem nächsten Gedankengang in einer neuen Zeile. Dadurch wird ein Brief überschaubarer und leichter verständlich. Um einen Absatz auch optisch hervorzuheben, hat man zwei Möglichkeiten:

- Man beginnt mit jedem Informationsabschnitt in einer neuen Zeile, auch wenn die vorige Zeile nicht voll ausgeschrieben wurde.
- Man läßt zwischen zwei Informationsabschnitten eine Zeile frei.

Die beiden Briefe auf den folgenden Seiten mit ihrer ganz unterschiedlichen Gestaltung machen deutlich, worauf es ankommt.

Elvira Meyer
Wiesenstr. 17
57572 Niederfischbach

Niederfischbach, 13. 4. 19..

Hauptbahnhof Köln
Gepäckbeförderung
51065 Köln

Betreff: Transportbeschädigung meines Fahrrades

Sehr geehrte Damen und Herren,
vorgestern fuhr ich mit dem Fahrrad von Betzdorf nach Köln. Zurück fuhr ich mit dem Zug. Deshalb gab ich in Köln mein Rad für den Rücktransport bei der Bahn auf. Als ich das Rad bei der Gepäckausgabe in Empfang nahm, waren die meisten Speichen verbogen, der Rahmen zerkratzt und die Kettenschaltung so beschädigt, daß eine Reparatur unmöglich erscheint. Da ich sofort nach meiner Ankunft in Betzdorf unbedingt einen wichtigen Termin wahrnehmen mußte, konnte ich mich nicht um die Angelegenheit kümmern. Ich ließ daher das Rad zunächst bei der Gepäckausgabe stehen. Als ich mich gestern um die Angelegenheit kümmern wollte, war die Gepäckausgabe geschlossen. Deshalb möchte ich Sie auf diesem Wege bitten, mir den entstandenen Schaden zu ersetzen. Das Fahrrad war erst vier Wochen alt und hat 835 DM gekostet. Eine Kopie der Originalrechnung liegt bei.

Mit freundlichen Grüßen

Elvira Meyer
Wiesenstr. 17
57572 Niederfischbach

Niederfischbach, 13. 4. 19..

Hauptbahnhof Köln
Gepäckbeförderung
51065 Köln

Transportbeschädigung meines Fahrrades

Sehr geehrte Damen und Herren,

vorgestern fuhr ich mit dem Fahrrad von Betzdorf nach Köln. Zurück fuhr ich mit dem Zug. Deshalb gab ich in Köln mein Rad für den Rücktransport bei der Bahn auf.

Als ich das Rad bei der Gepäckausgabe in Empfang nahm, waren die meisten Speichen verbogen, der Rahmen zerkratzt und die Kettenschaltung so beschädigt, daß eine Reparatur unmöglich erscheint.

Da ich sofort nach meiner Ankunft in Betzdorf unbedingt einen wichtigen Termin wahrnehmen mußte, konnte ich mich nicht um die Angelegenheit kümmern. Ich ließ daher das Rad zunächst bei der Gepäckausgabe stehen. Als ich mich gestern um die Angelegenheit kümmern wollte, war die Gepäckausgabe geschlossen.

Deshalb möchte ich Sie auf diesem Wege bitten, mir den entstandenen Schaden zu ersetzen. Das Fahrrad war erst vier Wochen alt und hat 835 DM gekostet. Eine Kopie der Originalrechnung liegt bei.

Mit freundlichen Grüßen

Die beiden Beispiele zeigen deutlich, wie Briefe auf den Empfänger wirken können. Obwohl beide den gleichen Inhalt haben, wird der Empfänger den ersten Brief mit wenig Interesse lesen. Der Brief ist nachlässig gestaltet. Er spricht den Leser nicht an. Dabei spielt es keine Rolle, ob er mit Maschine oder mit der Hand geschrieben ist.

Gliederung des Brieftextes

Der zweite Brief lädt aufgrund seiner äußeren Gestaltung schon zum Lesen ein. Er ist ansprechend und klar gegliedert. Der Empfänger dieses Briefes wird das Anliegen des Absenders viel wohlwollender aufnehmen als der Leser des ersten Briefes.

Auch wenn man sich nicht exakt an die formalen Gestaltungsregeln für maschinengeschriebene Briefe nach DIN 5008 oder an die Hinweise für handschriftliche Briefe hält (siehe dazu S. 35), wirkt ein Brief schon ansprechender, wenn er übersichtlich aufgebaut und in Absätze gegliedert wird.

Anforderungen an Briefe an Behörden

Behörde

Behörden sind vielfältig organisiert und in verschiedene Bereiche gegliedert. Man muß zwischen „Behörde“ und „Dienststelle“ unterscheiden. Große Behörden haben oft zahlreiche verschiedene Dienststellen. Das Landratsamt ist z.B. gegliedert in Sozialamt, Jugendamt, Kfz-Zulassungsstelle u.v.a. Daher sollte man in einem Brief an eine Behörde die betreffende Dienststelle angeben, damit der Brief sofort an die richtige Adresse kommt.

Dienststelle

Abteilung

Dienststellen werden nochmals in Abteilungen eingeteilt. Dort sind die Sachbearbeiter tätig, die eingehende Briefe lesen, bearbeiten und beantworten. Wenn man einen Brief an eine Behörde richtet, kennt man in der Regel den betreffenden Sachbearbeiter nicht. Man kann den Adressaten eines Briefes im ersten Anschreiben also meist nicht persönlich ansprechen. Die Anrede lautet deshalb: *„Sehr geehrte Damen und Herren“.*

Wichtige Angaben

Erstes Anschreiben an eine Behörde

Anhand des Briefes auf der nächsten Seite wird im einzelnen aufgezeigt, welche Angaben ein erstes Anschreiben an eine Behörde enthalten muß. Die Ziffern in Klammern vor den einzelnen Angaben beziehen sich auf die entsprechenden Angaben im Musterbrief.

Absender

(1) *Absender:* Oben links stehen Name und Adresse des Absenders. Sinnvoll ist es, auch die Telefonnummer für eventuelle Rückfragen anzugeben. Die gesamte Absenderangabe wird ohne Leerzeile zwischen Straße und Wohnort und ohne Unterstreichung des Wohnortes geschrieben.

Ort und Datum

(2) *Ort und Datum:* In derselben Zeile rechts stehen Wohnort und Datum. Früher schrieb man „Trier, den 16. 4. 19..“. Heute läßt man das „den“ weg. Es heißt nur noch „Trier, 16. 4. 19..“.

Brief an die Stadtverwaltung

(1) Karl Kaiser
Domstr. 19
54290 Trier
Tel. 0651/3456

(2) Trier, 16. 4. 19..

(3) Stadtverwaltung
Einwohnermeldeamt
Postfach 100

54290 Trier

(4) Verlängerung des Ausweises Nr. 2123435

(5)

(6) Sehr geehrte Damen und Herren,

(7) Anfang Mai wird mein Sohn Klaus mit seiner Klasse nach Budapest fahren. Dazu braucht er einen Ausweis. Der beiliegende Kinderausweis ist nicht mehr gültig.

Ich bitte die Gültigkeitsdauer zu verlängern.

(8) Mit freundlichen Grüßen

(9) Karl Kaiser

(10) Anlagen
Schülerausweis

(3) *Anschrift:* Die Anschrift beginnt mit dem Namen der Behörde. Darunter trägt man die Dienststelle ein, an die das Schreiben gerichtet ist. Nicht mehr üblich ist es, vor und hinter die Angabe der Dienststelle einen Gedankenstrich zu setzen. Straßennamen und Hausnummern stehen über der Ortsangabe. Ist das Postfach des Adressaten bekannt, sollte dieses anstelle des Straßennamens verwendet werden, da die an ein Postfach adressierte Post den Empfänger in der Regel schneller erreicht. Zwischen Straßennamen bzw. Postfach und der Ortsangabe wird eine Leerzeile eingefügt.

Anschrift

Die Ortsangabe wird nicht unterstrichen und auch nicht gesperrt oder in Großbuchstaben geschrieben. Wichtig ist die Angabe der fünfstelligen Postleitzahl. Liegt die genaue und vollständige Anschrift nicht vor, kann man sie eventuell im Telefonbuch nachschlagen.

Ortsangabe

(4) *Betreff:* Bei Behördenbriefen wird schon immer mit einem „Betreff" gearbeitet. Dabei handelt es sich um eine Überschrift für einen Brief, die stichpunktartig den Inhalt kennzeichnet. Der Betreff, der kurz und treffend sein muß, ermöglicht es, daß der Brief schnell an die richtige Stelle innerhalb der Behörde weitergeleitet wird, ohne daß derjenige, der den Brief öffnet, den gesamten Text durchlesen muß.

Betreff

Heute wird das Wort „Betreff" oder „Betr." nicht mehr geschrieben, sondern man beginnt unmittelbar mit dem Wortlaut des Betreffs. Verschiedene Gedanken des Betreffs trennt man mit einem Gedankenstrich voneinander ab, beispielsweise: „Versicherungsnummer 33/56 – Schadensmeldung".

(5) *Bezug:* Diese Zeile benötigt man nur, wenn man auf einen Behördenbrief antwortet und sich in diesem Schreiben auf einen vorhergehenden Brief und auf ein Behördenschreiben bezieht (genauere Informationen siehe unten S. 44).

Bezug

(6) *Anrede:* Falls bekannt ist, wer den Brief bearbeitet, spricht man den Adressaten mit seinem Namen an. Ist der Name des Sachbearbeiters nicht bekannt, lautet die Anrede „Sehr geehrte Damen und Herren" oder „Sehr geehrte Damen, sehr geehrte Herren".

Anrede

Die Anrede wird mit einem Komma beendet und nicht mit einem Ausrufezeichen. Deshalb schreibt man danach auch klein weiter.

> Sehr geehrter Herr Klein,
>
> ich habe wiederholt darauf hingewiesen, daß es an der Kreuzung Fichteweg/Mahlerstr. häufig zu Unfällen kommt ...

Brieftext

(7) *Brieftext:* Der Brieftext wird sinnvollerweise in Informationsabschnitte eingeteilt. Besonders wichtige Textstellen kann man durch Unterstreichen hervorheben. Wenn man mit Schreibmaschine oder Computer arbeitet, gibt es weitere Möglichkeiten für eine Hervorhebung: Großbuchstaben, Fett- und Kursivdruck, Wechsel der Schriftart oder Sperren eines Wortes. Dabei sollte man jedoch nicht übertreiben und die einmal gewählte Form der Hervorhebung im ganzen Brief beibehalten.

Grußformel

(8) *Grußformel:* Man beendet den Text mit der Grußformel „Mit freundlichen Grüßen" oder „Mit freundlichem Gruß". Die Grußformel kann man auch in den letzten Satz einbeziehen, etwa: „Ich hoffe, daß mein Antrag genehmigt wird, und verbleibe mit freundlichen Grüßen". Redewendungen wie „Hochachtungsvoll" und „Mit vorzüglicher Hochachtung" sind nicht mehr üblich.

Unterschrift

(9) *Unterschrift:* Den Brief sollten Sie eigenhändig unterschreiben. Schreiben von einer Behörde, insbesondere wenn es sich um Formbriefe oder mit dem Computer erstellte Bescheide handelt, sind häufig nicht persönlich unterzeichnet, sondern es wird nur der Name des Sachbearbeiters angegeben.

Anlagen

(10) *Anlagen:* Als Anlagen bezeichnet man die einem Brief beigefügten Unterlagen oder Schriftstücke. Übliche Formen des Anlagenvermerks sind: „Anlage", „Anlagen" oder, wenn man die genaue Anzahl vermerken will, beispielsweise „2 Anlagen". Man kann die Anlagen auch auflisten und schreibt dazu untereinander:

> Anlagen:
> Zeugniskopie
> Lichtbild
> Lebenslauf

Gestaltung eines handgeschriebenen Briefes

Wenn man einen Brieftext vorgeschrieben hat, erkennt man bereits, ob sich der Text auf einem DIN-A4-Blatt unterbringen läßt oder ob man mehrere Seiten benötigt. Man sollte die Blätter nicht zu voll schreiben. Kopf- und Fußrand sollten gleich groß sein. Die folgenden Regeln geben nur Hinweise. Wichtig ist, daß der fertige Brief einen ansprechenden Eindruck macht.

- Man schreibt den Brief auf einem unlinierten weißen Papierbogen im Format DIN A4. Darunter legt man ein Linienblatt mit 9 mm Linienabstand.

- Auf der linken und rechten Seite des Bogens bleibt ein Rand von 3 cm. Dieser Rand ist meist schon auf dem Unterlegblatt eingezeichnet. Sonst kann man den Rand auch selbst auf das Linienblatt einzeichnen.

- Mit dem Vor- und Zunamen beginnt man in der zweiten Zeile.

- Folgende Zeilenabstände haben sich bewährt:
  3 Zeilen zwischen Namen des Absenders und Anschrift des Adressaten,
  2 Zeilen zwischen Anschrift und Betreffangabe,
  1 Zeile zwischen Betreff/Bezug und Anrede,
  1 Zeile zwischen Anrede und Text,
  1 Zeile zwischen Text und Grußformel,
  1 Zeile zwischen Grußformel und Unterschrift,
  2 Zeilen zwischen Unterschrift und Anlagen.

Bei dem Briefschema auf der nächsten Seite handelt es sich um eine maßstäbliche Verkleinerung. Der Briefkopf unterscheidet sich vom maschinengeschriebenen Brief insofern, als man links nur seinen Vor- und Zunamen hinschreibt. Postleitzahl, Ort und Straße des Absenders stehen oben rechts. Wenn auch sie wie beim maschinengeschriebenen Brief oben links stünden, käme man zu weit nach unten in die Seite hinein.

Handgeschriebener Brief

3 cm | Vor- und Zuname | PLZ Ort, Datum
Straße Nr. | 3 cm

Anschrift (Behörde
Dienststelle
Postfach

PLZ Ort)

Betreff
Bezug

Anrede

Beginn des Textes

(nach jedem Informationsabschnitt
eine Leerzeile)

Ende des Textes

Grußformel

Unterschrift

Anlagen

Gestaltung eines maschinen-geschriebenen Briefes

Es ist üblich, bei Behördenbriefen ein besonderes Gestaltungsschema einzuhalten, das bei allen Behörden gebräuchlich ist. Es handelt sich um die Gestaltung nach DIN 5008. Diese Regeln gelten gleichermaßen für Briefe, die mit der Schreibmaschine oder mit einem Textverarbeitungsprogramm geschrieben werden.

DIN 5008

Man sollte nicht vergessen, von allen Briefen eine Kopie zu den eigenen Unterlagen zu heften. Bei Verwendung der Schreibmaschine verwendet man Kohle- und Durchschlagpapier, mit dem Computer kann man leicht einen zweites Exemplar ausdrucken lassen.

Kopie zu den eigenen Unterlagen

- Man schreibt den Brief auf einen sauberen Papierbogen im Format DIN A4. Es muß nicht unbedingt weißes Papier sein. Auch das leicht graue Umweltschutzpapier kann man ohne weiteres verwenden.

- Man spannt den vorderen Rand des Briefbogens bei der Position 0 ein und stellt den vorderen Randsteller auf Position 10 ein. Den hinteren Randsteller richtet man auf Grad 70 ein, damit auf der rechten Seite ein genügend breiter Rand bleibt. Um den rechten Rand gleichmäßig zu gestalten, sollte man längere Wörter trennen.

- In die 5. Zeile gehört die erste Zeile des Absenderfeldes, das aus Vor- und Zuname, Straße, Postleitzahl, Wohnort und eventuell der Telefonnummer besteht. In die gleiche Zeile, in der Vor- und Zuname stehen, gehört – zusammen mit der nochmaligen Angabe des Wohnortes – das Datum, beginnend bei Grad 40.

- Mit der Anschrift beginnt man in Zeile 13, 14 oder 15. In welcher Zeile man beginnt, hängt davon ab, wieviele Zeilen die Anschrift hat. Eine vierzeilige Anschrift beginnt in Zeile 15:

15 Stadtverwaltung
16 Osterstraße 8
17
18 64530 Gurgstadt

Wenn man die Versandart vermerkt, z.B. Einschreiben, beginnt man in Zeile 13:

> 13 Einschreiben
> 14
> 15 Stadtverwaltung
> 16 Osterstraße 8
> 17
> 18 64530 Gurgstadt

Über der Ortsangabe läßt man eine Leerzeile. Bei dieser Einteilung kann man einen Fensterbriefumschlag verwenden.

- Anschließend berücksichtigt man folgende Absätze:
  4 Zeilen zwischen der Ortsangabe der Anschrift und dem Betreff,
  2 Zeilen zwischen Betreff und Anrede,
  1 Zeile zwischen Anrede und Text,
  1 Zeile zwischen Text und Grußformel,
  3 Zeilen zwischen Grußformel und Anlagen.

- Am Ende jedes Informationsabschnittes im Text läßt man zum besseren Verständnis und zur besseren Übersicht eine Zeile frei.

- Das Schreiben sollte keine Berichtigungen und Radierungen enthalten.

Normalerweise kommt man mit einem Briefbogen aus. Ist das Schreiben umfangreicher, benutzt man ein zweites Blatt. Man sollte nicht versuchen, einen längeren Text unter Mißachtung der vorstehenden Regeln auf ein Blatt zu drängen. Fehlen nur zwei oder drei Zeilen, kann man sich helfen, indem man die Anlagen nicht einzeln aufführt oder den unteren Rand größer läßt und früher auf einer zweiten Seite weiterschreibt.

Damit unten auf der Seite ein ausreichender Rand bleibt, schreibt man nicht weiter als bis zur Zeile 65. Sinnvoll ist es, diese Stelle vor dem Einspannen des Bogens mit einem Bleistift zu markieren.

Das folgende Schema in verkleinertem Maßstab zeigt die formale Gestaltung eines Behördenbriefes.

	Spalte 10	Spalte 40
1		
2		
3		
4		
5	Vor- und Zuname	Ort, Datum
6	Straße	
7	PLZ Ort	
8	Telefonnummer	
9		
10		
11		
12		
13	Einschreiben	
14		
15	Behörde	
16	Straße	
17		
18	PLZ Bestimmungsort	
19		
20		
21		
22	Betreff	
23		
24	Bezug (entfällt beim ersten Schreiben an die Behörde)	
25		
26		
27	Anrede	
28		
29	Beginn des Textes	
30		
31	(nach jedem Informationsabschnitt eine Leerzeile)	
32		
.		
.		
.		
.		
47		
48	Textende	
49		
50	Grußformel	
51		
52	Unterschrift	
53		
54	Anlagen	

Briefgestaltung mit einem Textverarbeitungsprogramm

Wenn man einen Brief mit dem Computer schreibt, also ein Textverarbeitungsprogramm einsetzt, gelten für die Aufteilung der Seite und die Gestaltung des Briefes die gleichen Regeln wie für den maschinengeschriebenen Brief. Ein Programm zur Textverarbeitung bietet jedoch gegenüber der Briefgestaltung mit der Hand oder der Schreibmaschine erhebliche Vorteile.

Man kann Textbausteine, die man immer wieder verwendet, abspeichern und bei Bedarf abrufen. So braucht man z.B. seinen Briefkopf nur einmal zu schreiben.

Außerdem kann man bei der Arbeit am Computer locker drauflostippen, ohne sich zunächst um Schreibfehler zu kümmern, da Fehler anschließend sehr leicht zu korrigieren sind. Auch ganze Textstellen lassen sich überarbeiten und verändern. Man braucht also einen Brief nicht vorzuschreiben.

Ein Textverarbeitungsprogramm bietet für die Formatierung, die formale Gestaltung des Textes, zahlreiche Möglichkeiten, die man mit Hand oder Maschine nicht hat. Man kann verschiedene Schriften oder Schriftgrößen wählen, wichtige Textstellen durch Kursivschrift oder Fettdruck hervorheben usw. Allerdings sollte man dabei nicht übertreiben. Ein Brief mit unterschiedlichen Schriftgrößen und allen möglichen Formatierungen wirkt nicht harmonisch. Man sollte bei einer einmal begonnenen Art der Hervorhebung bleiben.

Moderne Drucker liefern eine hervorragende Druckqualität, so daß ein solcher Brief schon vom äußeren Bild her einen guten Eindruck macht. Außerdem kann man beliebig viele Exemplare ausdrucken. Man hat also jederzeit eine gute Zweitschrift für seine eigenen Akten.

Wer keinen Computer besitzt, muß nicht unbedingt auf die Vorteile eines Textverarbeitungsprogrammes verzichten. Vielleicht besitzt ein Bekannter oder Verwandter einen Computer und kann den Brief schreiben. Und die wenigsten Chefs werden etwas dagegen einzuwenden haben, wenn man nach Feierabend auch einmal den Firmencomputer für das Schreiben eines privaten Briefes benutzt.

Briefversand

DIN-Formate für Briefumschläge

Briefe müssen auch verschickt werden. Zum Versand verwendet man saubere Briefumschläge, für einen einzelnen Brief in Form DIN C6 oder DIN lang mit oder ohne Fenster. Sind dem Schreiben umfangreichere Unterlagen beizufügen, kann man auch Umschläge der Formate DIN C5 oder DIN C4 benutzen.

Auf dem Briefumschlag sollte außer der Adresse auch der Absender vermerkt sein, damit der Brief von der Post an den Absender zurückgeschickt werden kann, falls der Empfänger verzogen oder verstorben ist oder die Annahme des Briefes verweigert. Die Post vermerkt in diesem Fall auf dem Brief, warum er den Adressaten nicht erreicht hat. So erhält man in jedem Fall eine Rückmeldung.

Absender und Anschrift auf dem Briefumschlag

Auf der Vorderseite des Briefumschlages stehen Absender und Adresse. Das folgende Muster zeigt, wie Adresse und Absender auf dem Briefumschlag angeordnet werden:

Karl Kaiser
Domstr. 19
54290 Trier

Hauptpostamt
Am Weiher 3

57627 Hachenburg

Den Absender auf die Rückseite des Umschlages zu schreiben ist heute nicht mehr üblich.

Die korrekte Anschrift

Die Anschrift enthält:

- die Anrede, z.B. Familie, Herr, Frau,
- Vornamen und Namen; akademische Grade, wie Doktor (Dr.) oder Professor (Prof.), den Ingenieurtitel (Dipl.-Ing.) und höhere Ränge und Titel, wie Präsident, Direktor, General, Major, sollte man vor den Namen schreiben,
- Straße oder Postfach,
- die Postleitzahl und den Ort.

Zwischen Straßen- und Ortsangabe bleibt eine Zeile frei. Die Postleitzahl wird stets fünfstellig geschrieben. Bei Briefen aus dem Ausland nach Deutschland schreibt man ein D mit einem Bindestrich vor die Postleitzahl, z.B.: D-57572 Niederfischbach.

Einschreibebriefe

Wenn man einen Beleg benötigt, daß man ein Schreiben abgeschickt hat, gibt man den Brief als „Einschreiben" auf. Man muß diese Versandform auf dem Briefumschlag vermerken:

> Einschreiben
>
> Namen der Behörde
> Straße oder Postfach
>
> PLZ Bestimmungsort

Man erhält dann vom Postamt eine Bestätigung, daß man den Brief abgeschickt hat.

Einschreiben mit Rückschein

Wenn man ganz sicher sein will, daß das Schreiben den Empfänger erreicht und dieser den Empfang nicht abstreiten kann, muß man den Brief als Einschreiben mit Rückschein abschicken. Der Brief wird dem Empfänger nur gegen eine Bestätigung ausgehändigt. Diese Bestätigung wird an den Absender zurückgeschickt. Er hat damit einen Beleg, daß der Brief auch wirklich ordnungsgemäß zugestellt worden ist.

Wichtige Briefe, vor allem Kündigungen, sollte man stets als Einschreiben mit Rückschein abschicken. Auch für Behördenbriefe, die an bestimmte Fristen gebunden sind, wie beispielsweise Einsprüche gegen Mahnbescheide und Verfügungen von Behörden, wählt man diese Versandart.

Für Einschreibesendungen wird von der Post eine besondere Gebühr erhoben.

Telefax

Viele Behörden besitzen einen Telefaxanschluß. Da auch die Zahl privater Telefaxgeräte immer mehr zunimmt, kann man seine Briefe auch per Telefax an die Behörde schicken. Diese Art der Nachrichtenübermittlung nimmt ständig zu.

Sendebericht

Die Briefübermittlung per Fax geht sehr schnell. Wenn der Brief durch das Faxgerät läuft, kommt er gleichzeitig bei der Behörde an. Es entsteht kein Zeitverlust. Zudem druckt das Faxgerät einen Sendebericht aus, der bestätigt, daß man an eine bestimmte Faxnummer ein Fax abgeschickt hat. Dieser Sendebericht entspricht der Einschreibequittung.

Fax – preiswerter als Postversand

Zudem ist die Übermittlung eines Briefes per Fax häufig preiswerter als der gewöhnliche Postversand, da ja das Porto und die Einschreibegebühr entfallen. Statt dessen fallen nur die entsprechenden Telefongebühren an – im Ortstarif also wesentlich weniger als die Portogebühren. Ein Fax kann man auch bei größeren Postämtern aufgeben.

Vordrucke für Faxe

Wer öfter Mitteilungen mit dem Telefaxgerät verschickt, kann dafür vorgedruckte Formulare verwenden, die in verschiedenen Ausführungen auch im Schreibwarenhandel erhältlich sind. Man kann den Briefkopf von Hand oder mit Maschine ausfüllen. Wenn der vorgesehene Raum für den Brieftext nicht ausreicht, fügt man weitere Blätter an. Die per Telefax übermittelte Seitenzahl vermerkt man an der im Vordruck vorgesehenen Stelle.

Briefwechsel mit einer Behörde

Die Behörde antwortet

Der Antwortbrief einer Behörde enthält eine Reihe weiterer Angaben, die für die Folgekorrespondenz von Bedeutung sind. Oft reicht ein einzelner Brief an eine Behörde nicht aus, um zum Ziel zu kommen. In jedem Folgebrief muß man sich auf den vorhergehenden Brief der Behörde beziehen. Der Musterbrief auf der nächsten Seite zeigt, welche Angaben Behördenbriefe enthalten.

Bedeutung der Zeichen in Behördenbriefen

Bezugszeichen

Behördenbriefe haben vorgedruckte Briefköpfe, die Namen und Anschrift der Behörde, den Namen und die Telefonnummer des zuständigen Sachbearbeiters und die Bezugszeichenreihe enthalten. In Briefen ohne Briefkopf, wie sie von Privatpersonen geschrieben werden, steht der Bezug unter dem Betreff.

Unter „Auskunft erteilt“ wird der zuständige Sachbearbeiter genannt. Zusätzlich wird die Telefonnummer angegeben, unter der man sofort zum Sachbearbeiter durchwählen kann, ohne zunächst die Telefonzentrale der Behörde anzuwählen. Das spart unter Umständen Telefongebühren.

In der Reihe „Datum und Zeichen Ihres Schreibens: Unsere Zeichen“ werden der Name der Abteilung, des Sachbearbeiters und weitere interne Informationen verschlüsselt angegeben. Die Zeichen im obigen Brief bedeuten: EWM1 = Einwohnermeldeamt 1, SE = Sachbearbeiter Herr Seiler, ka = Stenotypistin Fräulein Katz.

Bezugszeile

Wenn man auf ein Schreiben einer Behörde antwortet, nimmt man auf diesen Brief Bezug. Dazu nennt man in der Bezugszeile seines Briefes die Brief- und Bearbeitungszeichen, die unter „Unsere Zeichen“ stehen, und gibt auch das Absendedatum des Behördenbriefes in seinem eigenen Schreiben an.

Stadtverwaltung Trier
Postfach 100

Trier, 19. 4. 19..

Herrn
Karl Kaiser
Domstr. 19

54290 Trier

Auskunft erteilt: Herr Seiler

Zimmer: 414

Telefon: Durchwahl
0234/688-414

Datum und Zeichen Ihres Schreibens:

Unsere Zeichen:
EWM 1/SE/ka

Kinderausweis Nr. 2123435

Sehr geehrter Herr Kaiser,

der Antrag auf Verlängerung des o. g. Ausweises liegt uns vor. Aufgrund des Alters Ihres Sohnes, er ist jetzt 15 Jahre, benötigen wir dazu 2 Paßbilder.

Da Ihr Sohn den Ausweis bereits Anfang Mai für seine Reise benötigt, sollten Sie die Bilder umgehend nachreichen.

Mit freundlichen Grüßen

Geht aus den Angaben beispielsweise klar hervor, daß der Sachbearbeiter Seiler den Antwortbrief geschrieben hat, dann spricht man diesen Sachbearbeiter in seinem Brief direkt an: „Sehr geehrter Herr Seiler". Auch auf dem Briefumschlag und in der Anschrift wird der Name des Sachbearbeiters genannt. Der Zusatz „z. Hd." (zu Händen) oder „c/o" (care of; zu deutsch: Sorge von, übertragen: zu Händen) vor dem Namen des Sachbearbeiters ist heute nicht mehr üblich.

Rückantwort an die Behörde

Auf der nächsten Seite ist ein Brief abgedruckt, in dem Herr Kaiser auf das Behördenschreiben Bezug nimmt, die Zeichen des Behördenbriefes im Bezug nennt und den Sachbearbeiter persönlich anspricht.

Karl Kaiser
Domstr. 19
54290 Trier

Trier, 20. 4. 19..

Stadtverwaltung
Herrn Seiler
Postfach 100

54290 Trier

Verlängerung des Kinderausweises Nr. 2123435
Ihre Zeichen: EWM 1/SE/ka – Ihr Schreiben v. 19. 4. 19..

Sehr geehrter Herr Seiler,

in der Anlage erhalten Sie die mit Ihrem Schreiben vom 19. 4. nachgeforderten Paßbilder.

Für eine sofortige Bearbeitung meines Antrages bedanke ich mich im voraus.

Mit freundlichen Grüßen

Anlagen
2 Paßbilder

Kommunale Behörden

Jeder Bürger lebt in einer Stadt oder Gemeinde mit anderen Mitbürgern zusammen. Interessen, Pläne und das Handeln des einzelnen Bürgers berühren gleichzeitig die Interessen und Rechte der anderen. Ein reibungsloses Zusammenleben ist nur möglich, wenn sich alle an die geltenden Gesetze und Ordnungen halten. Die kommunalen Behörden sind dafür verantwortlich, die Angelegenheiten der Gemeinschaft auf der Grundlage des geltenden Rechts zu regeln.

An den kommunalen Behörden kommt niemand vorbei. Immer wieder muß der einzelne zwangsläufig mit der Behörde Kontakt aufnehmen. Ob ein Kind geboren wird oder jemand stirbt, ob man ein altes Haus abreißt oder ein neues baut, ob man umzieht oder sich einen Hund anschafft, immer haben die Behörden ihre Hand mit im Spiel. Für die verschiedenen Bereiche sind in der Kommunalverwaltung eigene Abteilungen eingerichtet.

Es ist vorteilhaft, wenn man weiß, welche Angelegenheiten in welcher Abteilung bearbeitet werden. Wenn man darüber nicht informiert ist, richtet man seinen Brief global an die Stadtverwaltung, Gemeindeverwaltung oder Verbandsgemeindeverwaltung. Die zentrale Poststelle leitet den Brief an die zuständige Abteilung weiter.

Vermeidung unnötiger Wartezeiten

In vielen Fällen muß man persönlich bei der Behörde vorsprechen. Trotzdem ist es oft günstig, sich vorher schriftlich an die Behörde zu wenden. Man bekommt dann von der zuständigen Abteilung Nachricht und wird beispielsweise darüber informiert, wann die Behörde Sprechstunden eingerichtet hat und welche Belege und Unterlagen mitzubringen sind. So vermeidet man unter Umständen unnötige Fahrten und Wartezeiten. Das ist besonders wichtig, wenn man für den Behördengang eigens einen Tag Urlaub nehmen muß.

Übersicht über die Abteilungen

Die Anlässe für Briefe an die Kommune können sehr vielfältig sein. Im folgenden werden die verschiedenen Abteilungen genannt, und es wird aufgelistet, für welche Angelegenheiten sie zuständig sind (siehe auch S. 140–141).

Bauamt

Das *Bauamt* ist zuständig für den Abbruch von Gebäuden, Bauanträge, Baugenehmigung, Bebauungspläne, Landschaftpflege, Modernisierung von Wohngebäuden, Sozialen Wohnungsbau, Sanierungsmaßnahmen, Straßenbau innerhalb der Stadt oder Gemeinde, Straßenbeleuchtung, Straßenschäden, Umweltschutz, Wohnungsbauförderung und Wohnberechtigungsscheine.

Stadtwerke

An die *Stadtwerke* bzw. die *Verbandsgemeindewerke* wendet man sich bei Fragen der Abwasserbeseitigung, des Ablesens der Wasseruhr sowie der Gebühren für Wasser und Abwasser.

Sozialamt

Das *Sozialamt* ist zuständig für Pflegegeld (sofern dafür nicht die Pflegekasse aufkommen muß), Heizkostenbeihilfe, Jugendschutz, Sozialhilfe, Sozialversicherung, Versicherungskarten, Wohngeld, Unterhaltssicherung für Wehrpflichtige mit Unterhaltsverpflichtungen.

Einwohnermeldeamt

An das *Einwohnermeldeamt* wendet man sich wegen Anmeldungen, Abmeldungen und Ummeldungen, Bescheinigungen für Kindergeld, Lebensbescheinigungen und Personalausweisen.

Standesamt

Beim *Standesamt* bestellt man das Aufgebot und meldet Geburten an. Es nimmt Eheschließungen vor und stellt Ehefähigkeitszeugnisse, Geburts- und Heiratsurkunden aus.

Ordnungsamt

Das *Ordnungsamt* ist zuständig für Beglaubigungen, Genehmigung von Bestattungen, Einbürgerungen, Feuerwehrangelegenheiten, Fischereischeine, Führerscheinanträge, Gewerbeangelegenheiten, Kinderausweise, Konzessionen für Gaststätten, Überwachung von Gaststätten, Namensänderungen, Polizeiliches Führungszeugnis, Schutz der Sonn- und Feiertage, Reisepaß, Staatsangehörigkeitsausweis, Straßensperrung, Kontrolle des ruhenden Verkehrs, verkehrsregelnde Maßnahmen, Beschilderung in Ortschaften und Fra-

Fundbüro gen bei Wildschäden. Auch das Fundbüro ist beim Ordnungsamt angesiedelt.

Finanzabteilung Die *Finanzabteilung* schließlich kümmert sich um Ausbaubeiträge, Erschließungsbeiträge, Hundesteuer, Grundsteuer und Vergnügungssteuer.

Sozialamt

Eine besonders wichtige Abteilung bei den kommunalen Behörden ist das Sozialamt. Es ist für Menschen da, die unverschuldet wegen Arbeitslosigkeit, Krankheit oder anderer Umstände in Not geraten sind. Das Sozialamt gewährt ihnen Sozialhilfe.

Im Paragraph 9 des Sozialgesetzbuches heißt es: „Jeder, der nicht in der Lage ist, aus eigenen Kräften seinen Lebensunterhalt zu bestreiten oder in besonderen Lebenslagen sich selbst zu helfen, und der auch von anderer Seite keine ausreichende Hilfe erhält, hat ein Recht auf persönliche und wirtschaftliche Hilfe, die seinem persönlichen Bedarf entspricht, ihn zur Selbsthilfe befähigt, die Teilnahme am menschlichen Leben in der Gemeinschaft und die Führung eines menschenwürdigen Lebens ermöglicht."

Das Bundessozialhilfegesetz sieht zwei Arten von Leistungen vor, die über das Sozialamt beantragt werden müssen:
- laufende Hilfen zum Lebensunterhalt,
- einmalige Beihilfen.

Sozialhilfe Sozialhilfe können alle Menschen ohne ausreichendes Einkommen beantragen. Viele schämen sich jedoch oft ihrer Armut oder Notlage und stellen keinen Antrag. Wer aber wirklich in Not ist, sollte sich nicht scheuen, einen Antrag auf Sozialhilfe zu stellen, denn zu diesem Zweck ist sie vorgesehen, und schließlich hat man häufig jahrelang Steuern bezahlt, so daß es durchaus legitim ist, auch Leistungen in Anspruch zu nehmen.

Folgende Bedürftige können Sozialhilfe beantragen:
- Rentenbezieher mit zu niedriger Rente,
- Alleinerziehende, die ihre Kinder versorgen müssen,

- Pflegebedürftige und Behinderte, die auf die Hilfe anderer angewiesen sind,
- Arbeitslose, deren Arbeitslosenunterstützung nicht ausreicht, u.v.a.

Beihilfen

Wer Sozialhilfe bezieht oder ein zu geringes Einkommen hat, kann bei bestimmten Belastungen zusätzlich Beihilfen beantragen. Allerdings müssen diese Beihilfen beantragt werden, bevor Geld für notwendige Anschaffungen oder Unternehmungen ausgegeben wird. Wenn man das Geld bereits ausgegeben hat, ist es fast unmöglich, es vom Sozialamt zurückzuerhalten. Die wichtigsten Beihilfen sind Zuschüsse zu:

- Bekleidung,
- Haushaltsgegenständen wie Hausrat,
- Heizkosten,
- Wohnungsrenovierung,
- Umzug und Versicherungen.

Peter Würden
Schillerstr. 13
55555 Musterstadt

Musterstadt, 25. 7. 19..

Stadtverwaltung Musterstadt
Bauamt
Postfach 345

55555 Musterstadt

Ausbau des Bürgersteiges in der Schillerstraße

Sehr geehrte Damen und Herren,

als ich vor Jahresfrist wieder nach Musterstadt zurückzog, habe ich mich sehr darüber gefreut, daß sich die Stadt zwischenzeitlich sehr gut entwickelt hat. Der Ausbau der Fußgängerzone und vieler Straßen bietet ein gutes Bild.

Erstaunlich ist es dagegen, wie vernachlässigt die Schillerstraße aussieht. Der Bürgersteig ist in einem katastophalen Zustand. Er ist nur zum Teil mit einer Bitumenschicht versehen. Der Rest ist geschottert und vor allem für ältere Leute kaum begehbar.

Ein Unfall ist auf diesem unebenen Boden vorprogrammiert. Außerdem haben sich die Bordsteine gesenkt, und bei Regen fließt das Wasser zum Teil über den Bürgersteig.

Bitte überzeugen Sie sich selbst, daß es dringend notwendig ist, den Bürgersteig in einen ordnungsgemäßen Zustand zu versetzen.

Mit freundlichen Grüßen

Peter Würden
Schillerstr. 13
55555 Musterstadt

Musterstadt, 13. 12. 19..

Stadtverwaltung Musterstadt
Bauamt
Postfach 345

55555 Musterstadt

Ausbau des Bürgersteiges in der Schillerstraße
Ihr Schreiben vom 2. 10. 19.. – Ihre Zeichen: 4-wo-k

Sehr geehrter Herr Wolter,

in Ihrem Schreiben teilten Sie mir mit, daß die Angelegenheit geprüft werde.

In der Zwischenzeit sind bereits wieder zwei Monate vergangen. Deshalb möchte ich noch einmal nachfragen, wieweit die Angelegenheit inzwischen gediehen ist.

In Erwartung Ihrer Antwort verbleibe ich

mit freundlichen Grüßen

Ausbau eines Bürgersteiges 2. Brief

Ausbau eines Bürgersteiges 3. Brief

Peter Würden
Schillerstr. 13
55555 Musterstadt

Musterstadt, 12. 9. 19..

Stadtverwaltung Musterstadt
Bauamt
Postfach 345

55555 Musterstadt

Ausbau des Bürgersteiges in der Schillerstraße
Meine Schreiben vom 25. 7. 19.., 13. 12. 19.. und telefonische Nachfrage vom 7. 7. 19..
Ihre Zeichen: 4-wo-k

Sehr geehrter Herr Wolter,

auf meine telefonische Rückfrage vom 7. 7. – Sie waren nicht persönlich zu erreichen – erhielt ich leider noch keine Antwort. Ich möchte nun endgültig wissen, ob der Ausbau des Bürgersteiges im kommenden Jahr in Angriff genommen wird. Die Zustände sind unhaltbar geworden, zumal an den Tagen, an denen in der Bismarckstraße Markt abgehalten wird, der Bürgersteig weitgehend zugeparkt wird. Man kann sich dann nur noch stolpernd zwischen Hauswand und Autoblech auf dem Schotter des Bürgersteiges fortbewegen.

Ich schicke mit gleicher Post Kopien meiner bisherigen Schreiben und dieses Briefes an den Bürgermeister und an die Fraktionsvorsitzenden der im Stadtparlament vertretenen Parteien.

Mit freundlichen Grüßen

Peter Würden
Schillerstr. 13
55555 Musterstadt

Musterstadt, 12. 9. 19..

Herrn Peter Tüchtig
Bürgermeister der Stadt Musterstadt
Postfach 345

55555 Musterstadt

Ausbau des Bürgersteiges in der Schillerstraße

Sehr geehrter Herr Bürgermeister,

in verschiedenen Schreiben an Herrn Wolter, den Leiter des Bauamtes, habe ich auf den unhaltbaren Zustand des Bürgersteiges in der Schillerstraße hingewiesen und den Antrag gestellt, den Bürgersteig ordnungsgemäß auszubauen. Bisher habe ich noch keine klare Antwort erhalten.

Die Bürger der Schillerstraße werden langsam ungeduldig. Der sogenannte Gehweg ist kaum begehbar, da er fast nur geschottert ist. Nur an einigen Stellen weist er einen Bitumenbelag auf, weil einige Anlieger in Eigeninitiative den Gehweg provisorisch befestigt haben.

Setzen Sie sich bitte dafür ein, daß endlich Abhilfe geschaffen wird, bevor vor allem ältere Leute hinfallen und sich verletzen.

Gleichlautende Schreiben gehen mit gleicher Post an die Fraktionssprecher der im Stadtrat vertretenen Parteien.

Mit freundlichen Grüßen

Peter Würden
Schillerstr. 13
55555 Musterstadt

Musterstadt, 10. 3. 19..

Stadtverwaltung Musterstadt
Bauamt
Postfach 345

55555 Musterstadt

Genehmigte Bauweise im Baugebiet „Eicherfeld"

Sehr geehrte Damen und Herren,

ich habe in o.a. Baugebiet ein Grundstück erworben und beabsichtige, dort ein Wohnhaus zu errichten. Aus diesem Grunde möchte ich gerne wissen, welche Bauweise dort zulässig ist.

Vor allem wäre es wichtig für mich zu erfahren, ob eine zweigeschossige Bauweise erlaubt ist. Teilen Sie mir bitte auch mit, welche Dachneigungen und Dachformen möglich sind.

Für eine baldige Nachricht wäre ich Ihnen dankbar, da ich mit der Bauplanung beginnen möchte.

Mit freundlichen Grüßen

Peter Würden
Schillerstr. 13
55555 Musterstadt

Musterstadt, 22. 5. 19..

Stadtverwaltung Musterstadt
Bauamt
Postfach 345

55555 Musterstadt

Gesetzlich genehmigte Heckenhöhe bei Grenzbepflanzung

Sehr geehrte Damen und Herren,

mein Nachbar hat vor ein paar Jahren 50 cm von der Grenze entfernt eine Hecke gepflanzt. Diese ist in der Zwischenzeit etwa zwei Meter hoch geworden. Die Äste wachsen bis über mein Grundstück.

Viel störender ist es für mich jedoch, daß diese hohe Hecke den Pflanzen meines kleinen Gärtchens die Sonne nimmt. Vor allem meinen Tomatenpflanzen fehlt der Sonnenschein, so daß die Tomaten wesentlich später oder gar nicht mehr reifen.

Teilen Sie mir doch bitte mit, ob eine solche Hecke nur 50 cm von der Grenze gepflanzt werden darf und welche Höhe eine solche Hecke haben darf.

Ich bedanke mich im voraus für Ihre Antwort und verbleibe

mit freundlichen Grüßen

Peter Würden
Schillerstr. 13
55555 Musterstadt

Musterstadt, 2. 6. 19..

Stadtverwaltung Musterstadt
Bauamt
Postfach 345

55555 Musterstadt

Defekte Straßenbeleuchtung in der Goethestraße

Sehr geehrte Damen und Herren,

in der Goethestraße ist eine Straßenlampe defekt. Obwohl ich bereits vor zwei Wochen bei der Stadtverwaltung angerufen habe, ist die Lampe bisher nicht repariert worden.

Es ist schon bei einer funktionierenden Straßenbeleuchtung unangenehm, abends allein durch eine Straße zu gehen. In der Goethestraße ist es nun durch den Ausfall der Straßenlampe extrem dunkel, da die hohen Bäume am Straßenrand das Licht von Mond oder Sternen abhalten.

Da ich berufsbedingt abends oft später nach Hause komme, graut es mir davor, durch diese dunkle Straße zu gehen. Deshalb möchte ich Sie bitten, die Lampe umgehend zu reparieren.

Mit freundlichen Grüßen

Peter Würden
Schillerstr. 13
55555 Musterstadt

Musterstadt, 12. 7. 19..

Stadtverwaltung Musterstadt
Bauamt
Postfach 345

55555 Musterstadt

Anbringen neuer Fenster im Grenzabstand von 2,50 m

Sehr geehrte Damen und Herren,

mein Nachbar hat zu meinem Grundstück hin neue Fenster angebracht. Im Prinzip habe ich nichts dagegen einzuwenden. Auch liegt mir nichts an einem Streit mit meinem Nachbarn.

Ein Bekannter erzählte mir nun, daß ich diese neuen Fenster nicht ohne weiteres hinnehmen müßte. Wenn ich nicht innerhalb eines Jahres dagegen Widerspruch einlege, entstünden neue Fakten mit Nachteilen für mich. So war er der Meinung, ich könne danach an meiner Grenze keine Hecken mehr anlegen und keine Garage auf die Grenze bauen.

Teilen Sie mir bitte mit, welche Konsequenzen es für mich hat, wenn ich die neuen Fenster stillschweigend dulde.

Mit freundlichem Gruß

Franz Müller
Rüdesheimer Str. 15
54321 Cestadt

Cestadt, 6. 7. 19..

Stadtverwaltung Cestadt
Ordnungsamt
Postfach 204 555

54321 Cestadt

Ruhestörung während der Mittagszeit

Sehr geehrte Damen und Herren,

ich habe zwei kleine Kinder, die während der Mittagsruhezeit schlafen müssen. Das ist aber in den meisten Fällen unmöglich.

Herr Friedhelm Schneider wohnt im Haus neben mir. Seit einiger Zeit arbeitet er an einem kleinen Schuppen in seinem Garten. Dabei benutzt er Säge, Bohrmaschine und andere Geräte, die einen solchen Geräuschpegel erzeugen, daß meine Kinder regelmäßig wach werden und anfangen zu schreien.

Schon vor einiger Zeit habe ich Herrn Schneider gebeten, die Mittagsruhe einzuhalten. Damals mähte er während der Mittagsruhe seinen Rasen mit einem Motormäher älterer Bauart, der viel zu laut war. Aber er kam meiner Bitte nicht nach.

Ich möchte Sie bitten, Herrn Schneider darauf hinzuweisen, daß er die Mittagsruhe einhalten muß.

Mit freundlichen Grüßen

Sabine Weber
Bachstr. 7
56565 Destadt
Tel. 05666/5444

Destadt, 6. 7. 19..

Stadtverwaltung Unishausen
Ordnungsamt
Postfach 345

87645 Unishausen

Sondergenehmigung zum Parken

Sehr geehrte Damen und Herren,

am 1. 8. 19.. beginne ich ein einjähriges Praktikum an der Uniklinik Unishausen. Während dieser Zeit wohne ich in einem kleinen Appartment in der Weißgasse 5. Das Parken ist jedoch in dieser Straße nur mit einer Sondergenehmigung für Anlieger erlaubt.

Mein Dienst in der Uniklinik ist sehr unregelmäßig, so daß es für mich umständlich wäre, nur mit öffentlichen Verkehrsmitteln zu fahren. Der nächste Parkplatz ist ebenfalls nur nach einem längeren Fußweg zu erreichen. Abends spät und morgens sehr früh ist ein solcher Weg im Dunkeln kaum zumutbar.

Deshalb stelle ich den Antrag auf eine Sondergenehmigung, damit ich während des kommenden Jahres in der Weißgasse parken kann.

Mit freundlichen Grüßen

Sabine Weber
Bachstr. 7
56565 Destadt

Destadt, 6. 7. 19..

Stadtverwaltung Destadt
Ordnungsamt
Postfach 999

56565 Destadt

Einspruch gegen ein Verwarnungsgeld

Sehr geehrte Damen und Herren,

am 22. 5. 19.. fand ich an der Windschutzscheibe meines Autos einen Strafzettel vor.

An diesem Tag hielt ich mit meinem Auto in der Weiherstraße im eingeschränkten Halteverbot. Ich durfte also drei Minuten zum Ein- bzw. Ausladen halten. Während dieser drei Minuten habe ich einer älteren Frau ein wichtiges Medikament gebracht, welches sie dringend benötigt. Als Beweis liegt ein bestätigender Brief der Dame bei. Der oder die Angestellte des Ordnungsamtes muß den Strafzettel genau in der Zeit angebracht haben, in der ich der Dame das Medikament überbrachte.

Aus den oben genannten Gründen bitte ich Sie, den Strafbescheid zurückzunehmen.

Mit freundlichen Grüßen

Anlage

Sabine Weber
Bachstr. 7
56565 Destadt
Tel. 05666/5444

Destadt, 6. 7. 19..

Stadtverwaltung Destadt
Ordnungsamt
Postfach 999

56565 Destadt

Straßensperrung für ein Straßenfest

Sehr geehrte Damen und Herren,

die Bewohner der Brückenstraße beabsichtigen, am 23. 9. 19.. ein Straßenfest zu veranstalten. Das Fest beginnt morgens um 10.00 Uhr und dauert bis in die späten Abendstunden.

Im Namen der Anwohner bitte ich Sie, die Straße vom 22. 9. ab 16.00 Uhr bis zum 24. 9. um 10.00 Uhr zu sperren und eine entsprechende Beschilderung zu genehmigen.

Der Verkehr wird nicht wesentlich behindert, da er durch die parallel verlaufende Bergstraße geleitet werden kann.

Für eine baldige Nachricht wäre ich Ihnen dankbar und verbleibe

mit freundlichen Grüßen

Sabine Weber
Bachstr. 7
56565 Destadt

Destadt, 6. 7. 19..

Stadtverwaltung Destadt
Ordnungsamt
Postfach 999

56565 Destadt

Behinderung durch falsches Parken in der Bachstraße

Sehr geehrte Damen und Herren,

als Anwohnerin der Bachstraße möchte ich auf die ständige Behinderung des Verkehrs durch Falschparker hinweisen. Die Gehwege auf beiden Seiten der Straße werden zugeparkt, obwohl das Parken nur auf einer Seite gestattet ist.

Sowohl die Fußgänger auf den Gehwegen als auch die Fahrzeuge werden so stark behindert, daß es oft kein Durchkommen mehr gibt.

Zur Lösung des Problems möchte ich zwei Vorschläge machen:
- häufigere Kontrollen,
- Einführung eines Einbahnverkehrs in der Bachstraße, was ohne Schwierigkeiten möglich ist, da die Schulstraße parallel läuft.

Bitte sorgen Sie durch verstärkte Kontrollen in der Bachstraße für einen flüssigeren und ungefährdeten Verkehr, und leiten Sie meinen zweiten Vorschlag an die zuständigen Stellen weiter.

Mit freundlichen Grüßen

Sabine Weber
Bachstr. 7
56565 Destadt
Tel. 05666/5444

Destadt, 6. 7. 19..

Stadtverwaltung Unishausen
Ordnungsamt
Postfach 345

87645 Unishausen

Genehmigung einer Demonstration

Sehr geehrte Damen und Herren,

die Junge Union Destadt möchte am 22. 4. eine Demonstration gegen die Luftverschmutzung durch den immer stärkeren Autoverkehr in unseren Städten durchführen.

Diese Demonstration soll folgendermaßen ablaufen:

- Die Demonstranten fahren mit Fahrrädern in einer Sternfahrt aus dem umliegenden Orten nach Unishausen.
- Ziel der Fahrt ist der Marktplatz, wo sich die Demonstranten um 17.00 Uhr zu einer Abschlußkundgebung treffen.

Ich bitte Sie, diese Demonstration zu genehmigen.

Mit freundlichen Grüßen

(Referat für Öffentlichkeitsarbeit der Jungen Union)

Gaststätte Meier
Alte Poststraße
44444 Effelshausen
Tel. 0333/245

Effelshausen, 23. 7. 19..

Stadtverwaltung Effelshausen
Ordnungsamt
Am Markt 4

44444 Effelshausen

Genehmigung von Sonntagsarbeit

Sehr geehrte Damen und Herren,

ich beabsichtige, in drei Wochen meine Gaststätte zu renovieren. Die Handwerker hatten keinen anderen Termin frei. Um mit den Arbeiten zügig fertig zu werden und möglichst wenig Ausfall zu haben, möchte ich gerne am Sonntag, den 15. 9. 19.., die Arbeiten abschließen.

Als ich vor zwei Jahren im Innern der Gaststätte sonntags noch Anstreicherarbeiten ausführte, fühlte sich ein Einwohner des Ortes in seiner Sonntagsruhe belästigt und machte eine Anzeige.

Da in der Woche nach der Renovierung das Dorffest stattfindet, muß die Gaststätte bis dahin renoviert sein.

Ich stelle hiermit den Antrag, mir für den 15. 9. 19.. die Sonntagsarbeit im Innern meiner Gaststätte zu genehmigen.

Mit freundlichen Grüßen

Franz Müller
Rüdesheimer Str. 15
54321 Cestadt

Cestadt, 6. 7. 19..

Stadtverwaltung Cestadt
Ordnungsamt
Postfach 204 555

54321 Cestadt

Ständige Überschreitung der Polizeistunde in einer Gaststätte

Sehr geehrte Damen und Herren,

ich wohne in der Nähe einer Gaststätte. Da ich in meinem Beruf schwer arbeiten muß, bin ich auf eine ungestörte Nachtruhe angewiesen.

Jede Nacht fühle ich mich von dem Lärm der benachbarten Gaststätte in meiner Nachtruhe gestört, weil dort die Polizeistunde nicht eingehalten wird. Besonders schlimm ist es, wenn angetrunkene Gäste vor meinem Haus anfangen zu grölen. Häufig läßt der Inhaber auch zu später Stunde die Haustüre offen, damit die Gaststätte besser durchlüftet wird. Bei geöffneter Tür schallen jedoch laute Musik und Lärm besonders stark zu mir herüber.

Ich beantrage hiermit, den Inhaber der Gaststätte zu veranlassen, die Polizeistunde ordnungsgemäß einzuhalten und die Haustüre wenigstens nach 23.00 Uhr geschlossen zu halten.

Mit freundlichen Grüßen

Paul Schröder
Schlesingstr. 7
66666 Fasel

Fasel, 4. 6. 19..

Verbandsgemeindeverwaltung
Sozialamt
Hauptstr. 19

66661 Derighausen

Antrag auf Beiträge zur Alterssicherung

Sehr geehrte Damen und Herren,

ich bin 88 Jahre alt und seit längerem pflegebedürftig. Die Pflege hat meine Tochter übernommen. In der letzten Zeit bin ich überwiegend bettlägerig und bei allen Tätigkeiten und Verrichtungen auf die Hilfe meiner Tochter angewiesen. Sie muß mir beim Aufstehen, Zubettgehen, beim Anziehen, Waschen, Kämmen und auch beim Essen helfen. Außerdem kann ich keinen Schritt mehr alleine tun.

Wegen der Pflegetätigkeit kann meine Tochter ihren Beruf nicht mehr ausüben. Ihr stehen deshalb keine Mittel für eine angemessene Alterssicherung zur Verfügung.

Aus diesen Gründen beantrage ich die Erstattung entsprechender Beiträge. Übersenden Sie mir bitte einen entsprechenden Antragsvordruck und weitere Informationen über die Hilfen, die in einem solchen Fall vom Sozialamt angeboten werden.

Mit freundlichen Grüßen

Franz Meser
Im Bruch 5
78900 Derschen
Tel. 0345/654

Derschen, 2. 4. 19..

Verbandsgemeindeverwaltung
Sozialamt
Postfach 333

78900 Derschen

Antrag auf Unterhaltssicherung wegen Wehrplicht

Sehr geehrte Damen und Herren,

im kommenden August werde ich zur Bundeswehr eingezogen. In dieser Zeit kann ich meiner beruflichen Tätigkeit nicht mehr nachgehen, so daß mein Einkommen wegfällt.

Seit einem halben Jahr bin ich verheiratet und habe ein Kind. Meinen Unterhaltsverpflichtungen der Familie gegenüber kann ich während meiner Wehrdienstzeit nicht nachkommen.

Ich stelle hiermit den Antrag auf Unterhaltssicherung, damit meine Familie abgesichert ist. Schicken Sie mir bitte die erforderlichen Antragsformulare zu.

Mit freundlichen Grüßen

Fred Weller
Dorfstr. 14
22222 Dillheim

Dillheim, 3. 2. 19..

Verbandgemeindeverwaltung
Sozialamt
Postfach 888

45901 Forsten

Verdacht auf Kindesmißhandlung

Sehr geehrte Damen und Herren,

eine Familie in der Nachbarschaft hat ein eigenes Kind von 9 Jahren und ein Pflegekind von 7 Jahren. Mir ist in letzter Zeit öfter aufgefallen, daß das Pflegekind verweinte Augen und blaue Flecken hat. Als ich das Kind darauf ansprach, erhielt ich zur Antwort, es sei gefallen.

Ich habe die Situation genauer beobachtet und festgestellt, daß die beiden Kinder mit zweierlei Maß gemessen werden. Das eigene Kind besitzt einen Haustürschlüssel und kann jederzeit die Wohnung betreten, auch wenn die Eltern nicht zu Hause sind. Das Pflegekind besitzt keinen Schlüssel und muß oft nach der Schule in der Kälte draußen warten, bis die Mutter von ihrer Arbeit nach Hause kommt.

Mir tut dieses nach meinen Beobachtungen vernachlässigte Pflegekind leid. Deshalb bitte ich Sie, die Pflegefamilie zu überprüfen und festzustellen, ob das Pflegekind nicht mißhandelt wird und eine ordnungsgemäße Aufnahme in die Familie erfährt.

Mit freundlichen Grüßen

Verdacht auf Kindesmißhandlung

Peter Niedrigwasser
Rheinau 6
66666 Siebenhausen

Siebenhausen, 7. 9. 19..

Stadtverwaltung
Einwohnermeldeamt
Rheinstr. 91

66666 Siebenhausen

Umzug nach Achstein

Sehr geehrte Damen und Herren,

am 1. 10. 19.. werde ich mit meiner Familie nach Achstein umziehen, da ich dort eine neue Arbeitsstelle gefunden habe.

Meine neue Adresse in Achstein lautet:

Peter Niedrigwasser
Am kleinen Berg 19
13542 Achstein

Mit freundlichen Grüßen

Peter Niedrigwasser
Am kleinen Berg 19
13542 Achstein

Achstein, 3. 10. 19..

Stadtverwaltung
Einwohnermeldeamt
Rheinstr. 91

66666 Siebenhausen

Antrag auf ein polizeiliches Führungszeugnis

Sehr geehrte Damen und Herren,

am 1. 10. 19.. bin ich von Siebenhausen, Rheinau 6, nach Achstein umgezogen. Mein neuer Arbeitgeber verlangt von mir ein polizeiliches Führungszeugnis.

Senden Sie bitte das Führungszeugnis an meine neue Adresse. Vielen Dank im voraus.

Mit freundlichen Grüßen

Peter Niedrigwasser
Am kleinen Berg 19
13542 Achstein

Achstein 10. 10. 19..

Verbandsgemeindeverwaltung
Einwohnermeldeamt
Leipziger Str. 132

13542 Achstein

Umzug nach Achstein

Sehr geehrte Damen und Herren,

am 1. 10. 19.. bin ich von 66666 Siebenhausen, Rheinau 6, nach Achstein umgezogen. Aus diesem Grunde möchte ich mich in dieser Gemeinde anmelden. Schicken Sie mir bitte ein entsprechendes Anmeldeformular zu.

Mit freundlichen Grüßen

Anmeldung nach einem Umzug

Änderung der Lohnsteuerkarte wegen Kirchenaustritt

Peter Niedrigwasser
Am kleinen Berg 19
13542 Achstein

Achstein 12. 10. 19..

Verbandsgemeindeverwaltung
Einwohnermeldeamt
Leipziger Str. 132

13542 Achstein

Änderung meiner Lohnsteuerkarte wegen Kirchenaustritt

Sehr geehrte Damen und Herren,

zum 1. 10. 19.. bin ich aus der katholischen Kirche ausgetreten. Bitte ändern Sie meine Lohnsteuerkarte entsprechend ab, da ich jetzt keine Kirchensteuer mehr zu zahlen habe.

Die Lohnsteuerkarte und eine Bescheinigung des Amtsgerichts liegen bei.

Mit freundlichen Grüßen

Anlagen
Lohnsteuerkarte
Bescheinigung des Amtsgrichts

Peter Niedrigwasser
Am kleinen Berg 19
13542 Achstein

Achstein 1. 12. 19..

Verbandsgemeindeverwaltung
Einwohnermeldeamt
Leipziger Str. 132

13542 Achstein

Antrag auf einen Untersuchungsberechtigungsschein für Berufseinsteiger

Sehr geehrte Damen und Herren,

mein Sohn Erik beginnt eine Lehre als Bäcker. Der Lehrherr verlangt eine gesundheitliche Überprüfung durch den Hausarzt.

Übersenden Sie mir bitte einen Untersuchungsberechtigungsschein für eine kostenlose Untersuchung durch den Hausarzt.

Mit freundlichen Grüßen

Peter Niedrigwasser
Am kleinen Berg 19
13542 Achstein

Achstein 2. 9. 19..

Verbandsgemeindeverwaltung
Finanzabteilung – Steueramt
Leipziger Str. 132

13542 Achstein

Anmeldung eines Hundes – Hundesteuer

Sehr geehrte Damen und Herren,

am 25. des vergangenen Monats habe ich mir einen Schäferhund gekauft. Teilen Sie mir bitte mit, wie hoch die zu entrichtende Hundesteuer ist.

Buchen Sie bitte die anfallende Steuer von meinem Konto, Nr. 36-785 (BLZ: 544 777 00), bei der Kölner Bank ab. Eine Abbuchungsermächtigung liegt bei.

Mit freundlichen Grüßen

Anlage
Abbuchungsermächtigung

Peter Zöller
Auf dem Boden 12
87111 Deringstadt
Tel. 0823/7008

Deringstadt, 17. 5. 19..

Stadtverwaltung Deringstadt
Finanzabteilung
Postfach 1000

87111 Deringstadt

Grundsteuer und Abwassergebühren – Konto-Nr. 60-355563-02

Sehr geehrte Damen und Herren,

im Abgabenbescheid für 19.. teilten Sie mir mit, daß vierteljährlich 252,28 DM von meinem Konto abgebucht würden.

Beim letzten Abbuchungstermin am 15. 5. stellte ich fest, daß von Ihnen 381,43 DM abgebucht wurden. Ich habe meine Bank angewiesen, die nächste Abbuchung nicht vorzunehmen. Statt dessen werde ich den zuviel eingezogenen Betrag einbehalten und nur den Restbetrag überweisen.

Überprüfen Sie bitte anhand Ihrer Unterlagen die Höhe des Abbuchungsbetrages, damit in Zukunft die korrekten Beträge von meinem Konto abgerufen werden.

Mit freundlichen Grüßen

Paul Breit
Langgasse
22222 Mahndorf

Mahndorf, 6. 8. 19..

Stadtverwaltung Mahndorf
Stadtwerke
Am Marktplatz 1

22222 Mahndorf

Verstopfung des Abwasserkanals in der Langgasse

Sehr geehrte Damen und Herren,

seit einiger Zeit beobachte ich, daß das Regenwasser in der Langgasse nicht in die dort vorhandenen Gullis fließt, sondern selbst bei schwachen Regenfällen über die Straße läuft. Das ist für die Fußgänger auf den Bürgersteigen insofern unerträglich, als die vorbeifahrenden Autos hohe Wasserfontänen verspritzen. Die Fußgänger können sich oft nur durch einen Sprung zur Seite vor einer Dusche schützen.

Obwohl die Stadtarbeiter vorige Woche die Gullis gesäubert haben, hat sich an der Situation nichts geändert. Ich vermute daher, daß die Kanalisation in diesem Bereich verstopft ist.

Überprüfen Sie bitte die Kanalisation, und sorgen Sie für Abhilfe.

Mit freundlichem Gruß

Eberhard Schultes
Hauptstr. 205
66665 Blauhausen

Blauhausen, 6. 8. 19..

Verbandsgemeindeverwaltung
Versorgungsbetriebe
Postfach 1556

66665 Blauhausen

Erwerb eines Kaufgrabes

Sehr geehrte Damen und Herren,

meine Eltern sind beide über 80 Jahre alt. Sie haben den Wunsch, nach ihrem Tod in einem Doppelgrab nebeneinander bestattet zu werden.

Deshalb möchte ich mich über den Erwerb eines Kaufgrabes informieren. Teilen Sie mir bitte mit, welche Kosten und Auflagen damit verbunden sind.

Wie ich gehört habe, beträgt die Liegezeit in Reihengräbern 25 Jahre. Wie lange dauert es, bis Kaufgräber eingeebnet werden?

Mit freundlichen Grüßen

Kreisverwaltung

Untere Landesbehörde

Viele Verwaltungsaufgaben werden in der Regel nicht von den Kommunalbehörden wahrgenommen, sondern sind in den größeren Verwaltungszentren der Kreisverwaltung – der unteren Landesbehörde – zusammengefaßt. Häufig überschneiden sich aber die Aufgaben der Kommunalverwaltung und der Kreisverwaltung. Die Abgrenzung der Zuständigkeiten ist nicht immer klar zu erkennen. Nur in den kreisfreien Städten sind alle Verwaltungsaufgaben der unteren Landesbehörde und der Kommunalverwaltung bei der Stadtverwaltung zusammengefaßt.

Normalerweise hat man nur mit einigen Abteilungen bzw. Ämtern der Kreisverwaltung zu tun. Die Ämter, an die man als Bürger am ehesten ein Anliegen hat, sind im folgenden genannt.

Amt für Schulen und Kultur

Die Zuständigkeit des Amtes für *Schulen und Kultur* bezieht sich auf Schülertransporte vom Wohnort zu den Schulen, Fahrtkostenerstattung, Kreisvolkshochschule, Kreismusikschule, Archive und Museen usw.

Amt für Sicherheit, Ordnung und Verkehr

In den Aufgabenbereich des Amtes für *Sicherheit, Ordnung und Verkehr* fallen unter anderem folgende Aufgaben: Überwachung von Gewerbe und Handwerk, Waffen-, Jagd- und Fischereifragen, Asylfrage und Staatangehörigkeit, zivile Verteidigung und Katastrophenschutz, Feuerwehren, Straßenverkehr und Führerscheine, Kraftfahrzeugzulassung und ähnliches.

Sozialamt

Das *Sozialamt* behandelt und genehmigt Sozialhilfe, BAföG, Wohngeld usw. Es befaßt sich weiterhin mit allgemeinen sozialen Fragen.

Amt für Jugend, Familie und Sport

Das Amt für *Jugend, Familie und Sport* ist für folgende Themenbereiche zuständig: Jugendschutz, Vormundschaften, Pflegschaften, Erziehungshilfe, Jugend- und Familienhilfe, Sport, außerschulische Jugendbildung. Sehr hilfreich kann die Beratung des Jugendamtes bei Erziehungs- und Drogenproblemen sein. Die Tätigkeiten des Jugendamtes reichen von der qualifizierten Erziehungsberatung über die Vermittlung eines Kindes oder Jugendlichen in eine Pflegefamilie bis zur Einweisung in ein Heim. Die Beratung ist kostenlos und anonym. Das Jugendamt weiß oft selbst Rat oder vermittelt Adressen, an die man sich wegen weiterer Hilfe wenden kann.

Amt für Umweltschutz

Das Amt für *Umweltschutz* hat in der letzten Zeit an Bedeutung gewonnen. Abfallentsorgung, Müllabfuhr, Immissionsschutz und Landespflege sind einige Ressorts dieses Amtes.

Gesundheitsamt

Das *Gesundheitsamt* übernimmt vielfältige Aufgaben zum Schutze der Bevölkerung. Es überwacht das Gesundheitswesen und die dort tätigen Personen, wirkt mit bei der Verhütung und Bekämpfung übertragbarer Krankheiten, berät den Bürger in gesundheitlichen Fragen, stellt Gutachten aus im Zusammenhang mit Anträgen auf Sozialleistungen, überwacht die Reinheit von Luft, Wasser, und Boden und ist zuständig für einen hygienisch einwandfreien Zustand von öffentlichen Einrichtungen und Gebäuden, wie Schulen, Bäder usw. Man kann sich auch in Fragen der Familien-, Schwangeren- und Krankheitsberatung an das Gesundheitsamt wenden.

Nicht alle Kreisverwaltungen sind in der gleichen Weise aufgegliedert. Auch die Zuständigkeiten können sich verschieben. So kann es vorkommen, daß man Ausbildungsförderung beim Sozialamt beantragen muß, bei einer anderen Kreisverwaltung aber das Jugendamt zuständig ist. Sollte ein Brief einmal nicht an die richtige Abteilung gerichtet sein, wird er aber innerhalb des Amtes an die richtige Stelle weitergeleitet (zu den Zuständigkeiten siehe auch S. 140–141).

Albert Klein
Schifferstr. 9
05647 Schatzingen

Schatzingen, 25. 10. 19..

Gesundheitsamt
Hebelstr. 7

05644 Weiterstadt

Schule in Schatzingen – Asbest in Elektroheizungen

Sehr geehrte Damen und Herren,

in der Zeitung habe ich gelesen, wie gefährlich Asbest sein kann und daß viele Nachtspeicherheizgeräte Asbest enthalten.

Mein Sohn Martin besucht die Goethe-Schule in Schatzingen. Diese Schule wird mit Elektrospeicheröfen beheizt. Ich mache mir nun Sorgen, daß diese Öfen Asbest enthalten könnten, der für die Schüler gesundheitsschädlich ist.

Überprüfen Sie doch bitte diese Nachtspeicheröfen auf ihren Asbestgehalt, und veranlassen Sie bitte gegebenenfalls ein Auswechseln der Heizungsanlage.

Mit freundlichen Grüßen

Paul Rebek
Ortlepstr. 15
30307 Wandheim

Wandheim, 13. 7. 19..

Gesundheitsamt
Postfach 111

30307 Wandheim

Höhe der Ozonwerte in Wandheim

Sehr gehrte Damen und Herren,

aus dem Radio habe ich erfahren, daß die Ozonwerte an den vergangenen heißen Tagen überall in Deutschland sehr hoch waren. Bei solch hohen Ozonwerten solle man sich nicht im Freien bewegen und sich vor allen Dingen nicht zu sehr anstrengen.

Ich bin 63 Jahre alt und mache jeden Tag mit einigen Freunden einen längeren Spaziergang im Freien. Einer meiner Freunde riet uns jetzt von diesen Spaziergängen ab mit dem Hinweis auf die hohen Ozonwerte.

Teilen Sie mir doch bitte mit, wie hoch die Ozonwerte in Wandheim sind und ob es gesundheitsschädlich sein kann, nach Mittag einen längeren Spaziergang zu machen.

Für Ihre Nachricht bedanke ich mich im voraus.

Mit freundlichen Grüßen

Elisabeth Schneider
Poststr. 23
02323 Wannhausen

Wannhausen, 22. 11. 19..

Kreisverwaltung
Jugendamt
Am Marktplatz 3-5

02322 Schließstadt

Termin für Erziehungsberatung

Sehr geehrte Damen und Herren,

meine Sohn Frank ist 15 Jahre alt. Ich selbst bin seit zwei Jahren geschieden und habe das alleinige Sorgerecht für Frank.

Seit einiger Zeit habe ich Erziehungsprobleme mit Frank. Er ist sehr aufsässig und hält sich kaum an meine Anweisungen. Ich habe dies zunächst als pubertäre Erscheinung abgetan. In der letzten Zeit kommt er jedoch abends spät nach Hause. Ich darf ihn nicht einmal fragen, wo er gewesen ist. Mir gefallen auch die „Freunde" nicht, die er mit ins Haus bringt. Öfter haben sie auch Alkohol dabei.

Meine schlimmste Vermutung allerdings ist, daß in dieser Gruppe Drogen genommen werden. Mit Drogen und den Symptomen des Drogenkonsums kenne ich mich nicht genügend aus.

Darum bitte ich Sie um einen Beratungstermin. Mir persönlich wäre eine Zeit nach 15.00 Uhr am liebsten, weil ich dann von der Arbeit nach Hause komme. Teilen Sie mir bitte einen Termin mit.

Mit freundlichen Grüßen

Friedhelm Müller
Marktstr. 34
24044 Storchheim

Storchheim, 23. 10. 19..

Kreisverwaltung
Jugendamt
Zentralplatz 12

24040 Möblingen

Verstoß gegen das Jugendschutzgesetz – Ausschank von Alkohol

Sehr geehrte Damen und Herren,

von meinem Neffen erfuhr ich, daß in der Postschenke, Poststr. 23, 24044 Storchheim, ständig Alkohol an Jugendliche ausgegeben wird.

Daraufhin habe ich die Postschenke beobachtet und festgestellt, daß sie tatsächlich von vielen Jugendlichen besucht wird. Um Gewißheit zu erlangen, habe ich selbst die Postschenke besucht. Dabei stellte ich fest, daß dort in der Tat Bier und sogar höherprozentige Getränke an Minderjährige ausgeschenkt wird. Als ich den Kellner freundlich und höflich darauf ansprach, meinte er nur, es sei nicht seine Aufgabe, Personalausweise zu kontrollieren.

Da ich befürchte, daß diese Gaststätte immer öfter von Jugendlichen aufgesucht wird, weil es dort einfach ist, alkoholische Geränke zu bekommen, stelle ich hiermit den Antrag, die Postschenke zu überprüfen und den Ausschank von Alkohol an Jugendliche zu untersagen.

Mit freundlichen Grüßen

Karl Wilhelm Meyer
Hauptstr. 13
45444 Merkelbach

Merkelbach, 23. 10. 19..

Kreisverwaltung
Verkehrsamt
Große Bleiche 55

45400 Wannstadt

Führerscheinentzug – Wiedererteilung der Fahrerlaubnis
Führerschein-Nr.: B 045576

Sehr geehrte Damen und Herren,

am 1. 5. 19.. wurde mir der Führerschein wegen nicht angepaßter Geschwindigkeit für 6 Monate entzogen.

Am 1. 11. 19.. ist diese Frist abgelaufen. Deshalb bitte ich Sie, mir die Fahrerlaubnis wieder zu erteilen. Senden Sie den Führerschein bitte an meine obige Adresse.

Mit freundlichen Grüßen

Hubert Kalker
Waldstr. 22
03828 Winkelstadt

Winkelstadt, 6. 10. 19..

Stadtverwaltung Winkelstadt
Amt für Sicherheit und Ordnung
Am Neuen Markt 24

03828 Winkelstadt

Antrag auf einen Waffenbesitzschein

Sehr geehrte Damen und Herren,

ich wohne in der Neubausiedlung in der Waldstraße. Die Häuser dort liegen sehr abgelegen. Wiederholt ist in diesem Gebiet eingebrochen worden. Neulich wurde ein älteres Ehepaar überfallen, mißhandelt und ausgeraubt.

Es ist verständlich, daß ich mich als 63jähriger Rentner in dieser Straße nicht mehr sicher fühle. Mit einer Waffe würde ich mich zum einen erheblich sicherer fühlen und wieder beruhigt schlafen können; zum anderen hätte ich die Möglichkeit, eventuelle Einbrecher und Diebe durch einen Schuß in die Luft zu erschrecken und zu verjagen.

Deshalb stelle ich den Antrag, mir einen Waffenbesitzschein auszustellen. Teilen Sie mir bitte mit, welche Unterlagen dazu nötig sind und welche Formalitäten erledigt werden müssen.

Mit freundlichem Gruß

Malte Rurik
Eisenstr. 55
63043 Rumpertheim

Rumpertheim, 15. 9. 19..

Kreisverwaltung
Amt für Soziales
Blumenallee 3-7

63040 Nordstadt

Antrag auf BAföG

Sehr geehrte Damen und Herren,

nach Beendigung meiner Lehre als Schweißer möchte ich nun die Mittlere Reife und eventuell das Abitur nachholen. Deshalb besuche ich seit dem 1. 9. 19.. die Abendrealschule in Nordstadt.

Ich verdiene im ersten Jahr nach der Lehre nicht viel Geld und muß außerdem meine alleinstehende arbeitslose Mutter unterstüzen. Jeden Abend muß ich 22 km von Rumpertheim zur Schule nach Nordstadt fahren. Da die Busverbindung abends sehr schlecht ist, muß ich mein eigenes Auto benutzen. So fallen hohe Benzinkosten an.

Aus den oben genannten Gründen bitte ich Sie, mir einen Zuschuß nach dem Bundesausbildungsförderungsgesetz zu gewähren. Eine Bescheinigung der Abendrealschule und meine Verdienstbescheinigung liegen bei.

Mit freundlichem Gruß

Anlagen

Antrag auf BAföG

Karl Papst
Burggraben 14
50607 Karlsburg

Karlsburg, 4. 6. 19..

Kreisverwaltung Karlsburg
Königsallee 78

50607 Karlsburg

Unregelmäßige Müllabfuhr

Sehr geehrte Damen und Herren,

wiederholt ist es vorgekommen, daß meine Mülltonne im Burggraben nicht ordnungsgemäß geleert wurde.

Wir wohnen ganz am Ende der Straße. Das Müllfahrzeug kann am Ende des Burggrabens nicht wenden. Vielleicht ist das der Grund, warum einige Müllfahrer es sich leichter machen und gar nicht erst bis an das Ende des Burggrabens fahren.

Wir haben unsere Müllabfuhrgebühren wie alle anderen bezahlt und möchten deshalb auch ordnungsgemäß bedient werden.

Wirken Sie bitte bei der zuständigen Abfuhrfirma darauf hin, daß die Mülltonnen auch am Ende des Burggrabens künftig regelmäßig geleert werden.

Mit freundlichem Gruß

Finanzamt

Mit dem Finanzamt verbinden die meisten nicht die freundlichsten Vorstellungen. Das Finanzamt ist jedoch eine wichtige Behörde. Es kassiert die Steuern ein, also die Gelder, die der Staat benötigt, um seine Aufgaben wahrzunehmen. Ohne Steuereinahmen gäbe es keinen Straßenbau, kein Kindergeld, keine Krankenhäuser und Schulen usw. Kein Staat kann ohne Steuereinnahmen existieren.

Steuern

Wer seine Steuern regelmäßig und ordnungsgemäß bezahlt, hat vom Finanzamt nichts zu befürchten. Ganz im Gegenteil. Das Finanzamt ist durchaus eine hilfreiche und nützliche Behörde, deren Serviceangebote man nutzen sollte. Man kann bei persönlichen Steuerfragen den Rat der Finanzbeamten einholen und damit sogar Steuer sparen. Die Beamten müssen nämlich objektiv beraten und auch darauf hinweisen, wie man im Rahmen der gesetzlichen Möglichkeiten Steuern sparen kann.

Serviceangebote

Viele Arbeitnehmer, die vom Einwohnermeldeamt jährlich ihre Steuerkarte erhalten und diese bei ihrem Arbeitgeber abgeben, glauben, mit dem Finanzamt nichts mehr zu tun zu haben. Der Arbeitgeber führt ja die fällige Lohnsteuer an das Finanzamt ab, und damit scheint die Sache erledigt. Häufig werden aber zuviel Steuern gezahlt. Das Finanzamt räumt bestimmte Freibeträge ein, die nicht versteuert werden müssen. Außerdem gibt es Sonderausgaben, die ebenfalls vom Bruttolohn abgezogen werden können und sich damit steuermindernd auswirken. Um diese Vergünstigungen zu erhalten, muß man beim Finanzamt einen Antrag auf Lohnsteuererstattung stellen. Am besten informiert man sich beim Finanzamt oder bei einem Steuerberater, ob ein solcher Antrag lohnt.

Lohnsteuer-erstattung

Einkommensteuer-erklärung

Unter bestimmten Voraussetzungen ist man zur Abgabe einer Einkommensteuererklärung verpflichtet. Das ist dann der Fall, wenn das steuerpflichtige Jahreseinkommen einen bestimmten Betrag übersteigt oder wenn neben dem Lohn weitere Einnahmequellen bestehen. Das können Einnahmen aus Kapitalvermögen (Zinsen), Vermietung und Verpachtung, selbständiger Arbeit usw. sein. Auch in diesen Fällen ist es meist hilfreich, einen Fachmann zu Rate zu ziehen.

Das Finanzamt prüft die Einkommensteuererklärung und schickt dem Steuerpflichtigen einen Einkommensteuerbescheid. Ist man mit den Entscheidungen des Finanzamtes nicht einverstanden, kann man einen Rechtsbehelf einlegen. Die Frist beträgt einen Monat. Es gibt den Rechtsbehelf

Rechtsbehelf

- des Einspruchs gegen den Steuerbescheid,
- des Widerspruchs gegen die Kirchensteuerfestsetzung,
- der Beschwerde gegen die Festsetzung von Verspätungszuschlägen.

Wenn man einen Rechtsbehelf gegen Zahlungen einlegt, ist man trotzdem zunächst verpflichtet, diese Zahlungen an das Finanzamt zu leisten. Hat man mit seinem Rechtsbehelf Erfolg, werden die zuviel entrichteten Steuern zurückerstattet. Bei Auseinandersetzungen mit dem Finanzamt sollte man – insbesondere, wenn es um größere Beträge geht – die Hilfe eines Steuerberaters oder eines Anwalts in Anspruch nehmen.

Darüber hinaus hat jeder, der ein Kraftfahrzeug besitzt, mit dem Finanzamt zu tun, denn dorthin müssen auch die Kraftfahrzeugsteuern entrichtet werden. Es ist sinnvoll, dem Finanzamt einen Abbuchungsauftrag zu erteilen, damit man die Zahlung der Steuer nicht vergißt. Wird die Steuer nämlich nicht fristgerecht gezahlt, muß man mit einer Mahnung und mit einem Mahngeld rechnen.

Kraftfahrzeugsteuer

Beim Kauf oder Verkauf eines Autos muß man selbst keine Meldung an das Finanzamt machen. Die Mitteilungen über Anmeldung oder Abmeldung eines Fahrzeuges gehen automatisch von der Zulassungsstelle an das zuständige Finanzamt.

Bei allen Schreiben an das Finanzamt, die mit einer Einkommensteuererklärung zusammenhängen, sollte man seine Steuernummer angeben, damit das Schreiben sofort die richtige Stelle geleitet werden kann. Auch für die Kraftfahrzeugsteuer gibt es eine entsprechende Steuernummer.

Steuernummer

Verlängerung des Abgabetermins der Einkommensteuererklärung

Franz Lechner
Puterstr. 5
34343 Mannhausen

Mannhausen, 23. 9. 19..

Finanzamt
Veranlagungsstelle
Postfach 333

34340 Effstadt

Steuernummer 4/567/451
Abgabe der Einkommensteuererklärung

Sehr geehrte Damen und Herren,

leider kann ich den Termin für die Abgabe der Einkommensteuererklärung nicht einhalten, da nur mit größerem Zeitaufwand fehlende Unterlagen beschafft werden können.

Deshalb beantrage ich hiermit, den Termin der Abgabe bis zum 30. 11. zu verlängern.

Mit freundlichen Grüßen

Franz Schuster
Koblenz-Olper Straße 56
12312 Nennstadt

Nennstadt, 23. 2. 19..

Finanzamt
Am alten Schloß

12312 Nennstadt

Steuernummer 3/777/229
Antrag auf Stundung der fälligen Steuer

Sehr geehrte Damen und Herren,

gemäß Ihrem Einkommensteuerbescheid für 19.. muß ich 5.660,23 DM Einkommensteuer nachzahlen. Diesen Betrag kann ich im Moment nicht in voller Höhe aufbringen, da ich durch die Renovierung meines Hauses erhebliche Belastungen hatte.

Ich beantrage hiermit, einen Teil der Einkommensteuernachzahlung zu stunden und mir eine Zahlung in drei Monatsraten zu gewähren.

Mit freundlichen Grüßen

Antrag auf Stundung der fälligen Steuer

Einspruch gegen den Einkommensteuerbescheid

Manfred Göhlert
Meerstraße 34
22222 Friesstadt

Friesstadt, 3. 4. 19..

Finanzamt
Veranlagungsstelle
Postfach 555

22222 Friesstadt

Steuernummer 56/476/33 – Einspruch gegen Höhe der Vorauszahlungen
Einkommensteuerbescheid vom 23. 3. 19..

Sehr geehrte Damen und Herren,

gegen den oben angeführten Steuerbescheid lege ich hiermit Einspruch ein.

Meine Einkommensteuer- und Kirchensteuer-Vorauszahlungen für das kommende Jahr wurden in derselben Höhe festgesetzt wie für das vergangene Jahr.

Aus der Einkommensentwicklung der letzten beiden Jahre ergibt sich jedoch klar, daß meine Einnahmen stark rückläufig sind. Für das kommende Jahr rechne ich mit einem Rückgang der Nebeneinnahmen um ca. 50 %.

Daher bitte ich darum, die Vorauszahlungen der tatsächlichen Einkommensentwicklung anzupassen und entsprechend zu senken.

Mit freundlichen Grüßen

Karl-Josef Pankras
Südweg 22
66666 Ochsenfurt

Ochsenfurt, 22. 2. 19..

Finanzamt Ochsenfurt
Veranlagungsstelle
Würzburger Allee 24-27

66666 Ochsenfurt

Steuernummer 34/1234/9 – Widerspruch gegen Kirchensteuer
Einkommensteuerbescheid vom 15. 2. 19..

Sehr geehrte Damen und Herren,

gegen die Höhe der festgesetzten Kirchensteuer lege ich hiermit Widerspruch ein.

In meiner Einkommensteuererklärung vom 15. 3. 19.. habe ich Ihnen mitgeteilt, daß ich zum 1. 1. 19.. aus der Kirche ausgetreten bin. Meine Steuerkarte habe ich nicht mehr ändern lassen, da ich erwarten konnte, daß mir die zuviel gezahlte Kirchensteuer zurückerstattet werden würde. Offensichtlich haben Sie meine entsprechende Mitteilung übersehen.

Ich lege noch einmal eine Kopie der Bescheinigung des Amtsgerichts über den Kirchenaustritt bei. Überweisen Sie bitte die zuviel gezahlte Kirchensteuer auf das Ihnen bekannte Konto.

Mit freundlichen Grüßen

Anlage Bescheinigung über Kirchenaustritt

Widerspruch gegen Kirchensteuer

Franz Schmidt
Gerbergasse 18
76879 Morshausen

Morshausen, 5. 1. 19..

Finanzamt Morstadt
Postfach 2323

76890 Morstadt

Steuernummer 56/888/99 – Steuerbescheid vom 12. 12. 19..
Einspruch gegen die Höhe der Vermögenssteuer

Sehr geehrte Damen und Herren,

gegen die Höhe der in oben angeführtem Steuerbescheid festgesetzten Vermögenssteuer lege ich Einspruch ein.

Meine Mutter ist am 23. 10. 19.. im Altenheim von Morstadt gestorben. Ich verwalte den Nachlaß. Der von Ihnen angesetzte Betrag aus dem Verkauf des Hauses kann nicht voll auf die Vermögenssteuer angerechnet werden, da davon noch fällige Zahlungen für das Altenheim und an meinen Bruder zu entrichten waren, die er in Erwartung des Hausverkaufes für die Zahlung der Heimkosten vorgestreckt hatte.

Als Belege füge ich die Rechnung des Altenheimes und die Aufstellung über die Vorausleistungen meines Bruders bei.

Mit freundlichen Grüßen

Anlagen

Franz Schmidt
Gerbergasse 18
76879 Morshausen

Morshausen, 7. 1. 19..

Finanzamt Morstadt
Postfach 2323

76890 Morstadt

Steuernummer 56/888/99
Einspruch gegen Steuerbescheid vom 12. 12. 19..

Sehr geehrte Damen und Herren,

der übersandte Einkommensteuerbescheid konnte von meinem Steuerberater noch nicht geprüft werden. Die Einlegung des Einspruchs erfolgt deshalb vorsorglich.

Ich beantrage hiermit eine Frist bis zum 10. 2. 19.., damit die erforderlichen Unterlagen beschafft werden können, die eine Entscheidung über die Fortführung des Einspruchs mit entsprechender Begründung oder die Rücknahme des Einspruchs ermöglichen.

Mit freundlichen Grüßen

Vorsorglicher Einspruch

Franz Schmidt
Gerbergasse 18
76879 Morshausen

Morshausen, 13. 1. 19..

Finanzamt Morstadt
Postfach 2323

76890 Morstadt

Steuernummer 56/888/99
Beschwerde gegen die Festsetzung eines Säumniszuschlages

Sehr geehrte Damen und Herren,

hiermit erhebe ich gegen die Festsetzung eines Säumniszuschlages Beschwerde.

Die verspätete Zahlung ergab sich, weil ich plötzlich erkrankte und dadurch daran gehindert war, meiner Zahlungsverpflichtung nachzukommen.

Ich möchte ausdrücklich darauf hinweisen, daß ich bisher alle Steuernachforderungen pünktlich bezahlt habe.

Mit freundlichen Grüßen

Beschwerde gegen einen Säumniszuschlag

Deutsche Bundespost

Die Deutsche Bundespost ist seit 1989 in die drei Dienstleistungsunternehmen Postdienst, Postbank und Telekom aufgegliedert.

Postdienst

Der *Postdienst* hat die Aufgabe, Postsendungen aller Art, wie Briefe, Postkarten, Päckchen und Pakete, zu übermitteln. Diese Aufgabe kann die Post nur dann sicher und schnell erledigen, wenn die Adresse vollständig und genau, insbesondere mit der exakten fünfstelligen Postleitzahl, angegeben wird. Auf allen Postsendungen sollte man unbedingt auch den Absender vermerken. Wenn der Adressat verzogen oder nicht erreichbar ist, wird der Brief an den Absender zurückgeschickt.

Nachsendeantrag

Wenn man in Urlaub fährt, ist es gefährlich, die Post während der gesamten Abwesenheit nach Hause schicken zu lassen. Zeitungen und Briefe stapeln sich dann im Briefkasten oder vor der Haustür und signalisieren Dieben, daß das Haus zur Zeit unbewohnt ist. Für diesen Fall bietet die Post einen Sonderservice an. Man kann einen Nachsendeantrag stellen und sich die Post an seinen Urlaubsort nachsenden oder die Post während der Abwesenheit bei dem zuständigen Postamt lagern lassen.

Telekom

Die *Telekom* ist für das Fernmeldewesen zuständig. An sie wendet man sich, um einen Telefonanschluß zu beantragen, um die Anschlußbuchse (z.B. für Telefax oder Anrufbeantworter) erneuern oder erweitern zu lassen, wenn man einen anderen, vielleicht komfortableren Telefonapparat oder einen Anrufbeantworter oder ein Faxgerät anschließen will. Schließlich ist die Telekom für die Telefonrechnungen und auch noch für alle Fragen des Kabelfernsehens zuständig.

Im Gegensatz zu früher muß man die Telekommunikationsgeräte, wie Telefon, Telefax, Anrufbeantworter, Postmodem usw., heute nicht mehr bei der Telekom kaufen oder mieten. Man kann diese Geräte im Handel erwerben und anschließen, wenn sie von der Post zugelassen sind und eine Zulassungsnummer besitzen.

Postbank Die *Postbank* übernimmt im wesentlichen die Aufgaben einer normalen Bank oder Sparkasse. Besonders günstig ist der Postgiroverkehr, weil Überweisungen kostengünstig und schnell von Postgirokonto zu Postgirokonto weitergeleitet werden. Überweisungsaufträge kann man in jeden Briefkasten werfen; man ist nicht an eine bestimmte Bank gebunden. Von einem Postsparbuch kann man an jedem Postschalter im In- und Ausland Geld abheben.

Wenn man sich mit einem Anliegen an die Post wenden will, muß man wissen, welcher Diestleistungsbereich für dieses Anliegen zuständig ist. Die Adressen der zuständigen Dienststellen von Post und Telekom kann man beim örtlichen Postamt erfragen. Bei Anliegen an die Telekom sollte man unbedingt seine Telefonnummer angeben. ***Fernmeldekontonummer*** Handelt es sich um Probleme oder Fragen zur Telefonrechnung, gibt man die Fernmeldekontonummer an, die auf der Telefonrechnung vermerkt ist.

Peter Schröter
Meerweg 23
45654 Heringstadt

Heringstadt, 12. 8. 19..

Telekom
Postfach 333

45654 Heringstadt

Neue Anschlußbuchse für Fax und Anrufbeantworter
Telefonnummer: 02445/5446

Sehr geehrte Damen und Herren,

die Anschlußbuchse meines Telefonapparates hat nur einen Steckkontakt. Da ich mir ein Faxgerät und einen Anrufbeantworter kaufen will, benötige ich eine Dreifach-Steckbuchse mit den entsprechenden Steckkontakten.

Teilen Sie mir bitte mit, wann die Arbeiten ausgeführt werden, damit ich zum angegebenen Termin zu Hause bin.

Mit freundlichen Grüßen

Installation einer Buchse für Faxgerät und Anrufbeantworter

Einspruch gegen Telefonrechnung

Franz Schwarz
An der Burg 5
07676 Freihausen

Freihausen, 3. 4. 19..

Telekom
Koblenz-Olper Str. 14

07670 Albstadt

Telefonrechnung vom 29. 3. 19..
Fernmeldekontonummer: 45600006354

Sehr geehrte Damen und Herren,

die Telefonrechnung vom 29. 3. 19.. weist einen Rechnungsbetrag von 256,91 DM aus. Gegen diese Rechnung erhebe ich Einspruch.

Meine bisherigen Rechnungen bewegten sich stets zwischen 90 und 110 DM. Die letzte Rechnung kann nicht höher sein als die bisherigen Rechnungen, da ich im Abrechnungszeitraum noch zwei Wochen in Urlaub war und kein anderer mein Telefon benutzen konnte. Ich selbst habe nicht mehr telefoniert und auch keine längeren Ferngespräche geführt als früher.

Ich bin der Überzeugung, daß die letzte Telefonrechnung niedriger sein müßte als die früheren Rechnungen. Überprüfen Sie bitte den Rechnungsbetrag.

Mit freundlichen Grüßen

Paul Höflich
Untreustr. 22
77789 Alzheim

Alzheim, 6. 8. 19..

Postamt
Schillerstr. 102

77789 Alzheim

Nachsendeantrag für Briefe und Zeitungen

Sehr geehrte Damen und Herren,

ich mache vom 20. 8. 19.. bis zum 10. 9. 19.. Urlaub in Juist. Damit die Zeitungen und Briefe sich nicht in meinem Briefkasten oder vor meiner Haustüre stapeln, stelle ich hiermit einen Nachsendeantrag.

Schicken Sie bitte die gesamte eingehende Post vom 20. 8. bis einschließlich 7. 9. 19.. an folgende Adresse:

Paul Höflich
Haus Wangerooge
26571 Juist

Ich bedanke mich im voraus und verbleibe

mit freundlichen Grüßen

Rainer Orschek
Traubenweg 1
45555 Orwigtal

Orwigtal, 15. 12. 19..

Postamt
Hauptstr. 35

45555 Orwigtal

Nachforschungsantrag wegen des Verlustes einer Paketsendung

Sehr geehrte Damen und Herren,

ein Paket, das ich am 25. 11. 19.. im Postamt Hauptstr. aufgegeben habe, ist beim Empfänger, Herrn Robert Orschek, Tresterweg 12, 54444 Berghausen, bis heute nicht eingetroffen.

Da das Paket ein wertvolles Weihnachtsgeschenk enthielt, das ich mit 1.000 DM bei Ihnen versicherte, bitte ich Sie, Nachforschungen über den Verbleib anzustellen.

Ich lege eine Kopie der Einlieferungsbescheinigung mit der Wertangabe bei.

Mit freundlichen Grüßen

Anlage

Gerichte

Die meisten Menschen wollen mit dem Gericht nichts zu tun haben. Mit einem Gang zum Gericht können hohe Kosten verbunden sein. Gewinnt man einen Prozeß, braucht man zwar nichts zu bezahlen; verliert man jedoch, können sehr hohe Kosten entstehen. Wenn man jedoch sein Recht bekommen will, bleibt in manchen Angelegenheiten nur der Gang zum Gericht.

Rechtsschutzversicherungen

Rechtsschutzversicherungen übernehmen die Gerichtskosten bis zu einer bestimmten Höhe. Man sollte sich aber vorher genau informieren, ob in dem konkreten Fall die Kostenübernahme durch die Versicherung gesichert ist. Dazu kann man seinen Rechtsanwalt beauftragen, bei der Versicherung nachzufragen, ob diese eine Deckungszusage gibt. Wenn dies nicht der Fall ist, kann man immer noch von einem Gang zum Gericht absehen.

Die folgende Übersicht zeigt, welche Gerichte es gibt und für welche Angelegenheiten sie zuständig sind:

Ordentliche Gerichte

Ordentliche Gerichte sind zuständig für Straf- und Zivilprozesse. Im Strafprozeß wird festgestellt, ob jemand eine strafbare Handlung begangen hat, für die er nach dem Strafgesetzbuch verurteilt werden muß. Im Zivilprozeß geht es um den Streit zwischen zwei Bürgern oder zwischen einem Bürger und dem Staat. Dabei wird keine Verurteilung ausgesprochen, sondern ein Schiedsspruch, wer im anstehenden Streitfall Recht hat.

Arbeitsgerichte

Arbeitsgerichte sind zuständig für alle Streitfragen zwischen dem Arbeitgeber und Arbeitnehmern. Wenn ein Arbeitnehmer z.B. der Meinung ist, daß ihm der Arbeitgeber ungerechtfertigt gekündigt hat, kann er sich an das Arbeitsgericht wenden.

Finanzgerichte

Finanzgerichte kümmern sich um Streitfragen zwischen einem Steuerzahler und dem Finanzamt. Wenn man der Meinung ist, das Finanzamt verlange zu hohe Steuern, weil es von falschen Voraussetzungen ausgeht, kann man sich an das Finanzgericht wenden.

Sozialgericht

Vor dem *Sozialgericht* kann man beispielsweise klagen, wenn die Rente wegen Berufsunfähigkeit abgelehnt wird, obwohl sowohl Ärzte als auch man selbst feststellt, daß man nicht mehr arbeiten kann.

Verwaltungsgericht

Vor dem *Verwaltungsgericht* werden Streitfragen zwischen einem Bürger und der Verwaltung entschieden. Wenn etwa eine Straße zu nah an ein Haus gebaut wird und dem Besitzer keine ausreichende Entschädigung gezahlt wird, kann sich dieser an das Verwaltungsgericht wenden.

Auch wenn man selbst nicht vor Gericht geht, kann man aus verschiedenen Gründen mit dem Gericht in Berührung kommen. Beispielsweise muß man vor Gericht erscheinen, wenn man von anderen als Zeuge benannt wird.

Widerspruch gegen Mahnbescheid

Es kann auch vorkommen, daß man einen Mahnbescheid erhält, an dem man unschuldig ist. Man hat etwa eine Zeitschrift ordnungsgemäß gekündigt. Trotzdem kommen noch Rechnungen und Mahnungen ins Haus, und schließlich erhält man einen Mahnbescheid. Manche Firmen glauben, mit einem solchen Vorgehen den einfachen Bürger zu beeindrucken und zur Zahlung zu veranlassen. Gegen einen solchen Mahnbescheid kann man Widerspruch einlegen. Man richtet seinen Widerspruch an das Gericht, von dem man den Mahnbescheid bekommen hat. Wichtig ist es, bei allen Rückschreiben an Gerichte das Aktenzeichen anzugeben.

Erlaß eines Mahnbescheides

Umgekehrt kann man selbst Geldforderungen an jemanden haben, der einfach nicht bezahlen will. Wenn trotz Aufforderungen und Mahnungen keine Zahlung eingeht, kann man auch als Privatperson bei Gericht einen Mahnbescheid bewirken. Zahlt der Betreffende dann immer noch nicht, erhält er einen Vollstreckungsbescheid. Daraufhin treibt der Gerichtsvollzieher das ausstehende Geld ein.

Vordrucke für den Antrag auf Erlaß eines Mahnbescheides erhält man nicht beim Gericht, sondern gegen einen geringen Preis im Schreibwarenhandel.

Von großer Bedeutung ist auch eine andere Tatsache, die weitgehend unbekannt ist, wie die Erfahrungen der Gerichte zeigen. Wenn jemand durch einen Verkehrsunfall, durch Diebstahl, Betrug, Unterschlagung oder Körperverletzung geschädigt worden ist, kommt es zu einer Gerichtsverhandlung, wenn die Polizei den Tathergang aufgenommen oder der Geschädigte eine Anzeige erstattet hat. Wenn das Gericht den Angeklagten für schuldig befindet, wird er bestraft. Der Geschädigte wartet nun selbstverständlich darauf, daß er Ersatz für den erlittenen Schaden erhält. Wenn er bei Gericht nachfragt, bekommt er aber die Auskunft, daß das nicht mehr Sache des Gerichtes ist.

Schadenersatz

Das Gericht kümmert sich in der Tat nur um die Feststellung und Bestrafung des Täters. Ob der Geschädigte einen Ersatz für die Schädigung erhält, interessiert in diesem Zusammenhang nicht mehr. Um seine Ersatzansprüche durchzusetzen, muß der Geschädigte selbst wieder aktiv werden und eine Zivilklage gegen den Schädiger anstrengen.

Zivilklage

Die Adressen des zuständigen Amtsgerichtes findet man im Telefonbuch unter dem Stichwort „Amtsgericht" oder „Justizbehörde" unter dem Ortsnetz der Stadt oder Verbandsgemeinde, in der man wohnt.

Widerspruch gegen einen Mahnbescheid

Alois Koch
Saalbachstr. 19
65657 Germershausen

Germershausen, 19. 9. 19..

Amtsgericht
Untere Saalbachstr. 109

65006 Kernstadt

Widerspruch gegen Mahnbescheid
Aktenzeichen: W 3426-788

Sehr geehrte Damen und Herren,

hiermit erhebe ich Widerspruch gegen den Mahnbescheid, den die Vertriebsgesellschaft Geiger und Co. gegen mich beantragt hat.

Ich hatte die Zeitschrift „Fußball ist unser Leben“ ordnungsgemäß und fristgerecht gekündigt. Eine Kopie vom Einlieferungsschein des Einschreibens habe ich beigefügt.

Mit freundlichen Grüßen

Anlage

Karl Meiser
Bergstr. 40
23222 Sagelbach

Sagelbach, 14. 6. 19..

Amtsgericht
Gerichtsstr. 12

23005 Kesselstadt

Zeugenaussage in Sachen Klaus Meyer, 24333 Oberholzen, gegen
Günter Müser, 24655 Klausen am 18. 6. 19..
Aktenzeichen: WR 5678/93

Sehr geehrte Damen und Herren,

in der oben angeführten Angelegenheit bin ich für den 18. 6. 19..
um 15.00 Uhr als Zeuge geladen.

Da ich erkrankt bin, kann ich zu der Verhandlung nicht erscheinen.

Eine ärztliche Bescheinigung habe ich beigefügt.

Mit freundlichen Grüßen

Anlage
Ärztliche Bescheinigung

Absage eines Zeugentermins

Karl Meiser
Bergstr. 40
23222 Sagelbach

Sagelbach, 18. 7. 19..

Amtsgericht
Gerichtsstr. 12

23005 Kesselstadt

Klage wegen übler Nachrede und Beleidigung

Sehr geehrte Damen und Herren,

hiermit erhebe ich Klage gegen Frau Grete Weisel, Wenzelweg 3, 23222 Sagelbach, wegen übler Nachrede.

Die Beklagte erzählt überall, ich sei ein Simulant und meine Krankheit würde ich nur vortäuschen, um möglichst bald in Rente zu gehen. Dabei haben mir verschiedene Ärzte bescheinigt, daß mein Rückenleiden es mir unmöglich macht, meinen Beruf auszuüben. Das ärztliche Attest belegt, daß meine Erkrankung ernst ist.

Zum Beweis meiner Aussage benenne ich folgende Zeugen:
Manfred Steiner, Rosenweg 8, 23222 Sagelbach,
Maria Wertmann, Auf der Wiese, 23222 Sagelbach.

Ich beantrage, die Beklagte zu verurteilen, ihre Unterstellungen künftig zu unterlassen.

Mit freundlichen Grüßen

Anlage Kopie des ärztlichen Attestes

Friedhelm Otter
Müßlegasse 16
34345 Wendigen

Wendingen, 23. 6. 19..

Karl Lauterbach
Hauptstr. 107

34564 Ottingen

Mahnung

Sehr geehrter Herr Lauterbach,

vor acht Wochen, am 22. 4. 19.., verkaufte ich Ihnen meinen Gebrauchtwagen für 9.500 DM. Sie zahlten mir 6.000 DM an und versprachen, mir das restliche Geld binnen einer Woche zu bringen.

Nach zwei Wochen habe ich Sie zum ersten Mal angerufen und um die Bezahlung der restlichen 3.500 DM gebeten. Ich wartete jedoch vergeblich. Nach weiteren zwei Wochen schickte ich Ihnen die erste schriftliche Mahnung. Auch darauf reagierten Sie nicht.

In der Zwischenzeit sind acht Wochen vergangen. Wenn Sie nicht innerhalb einer Woche den restlichen Betrag zahlen, werde ich einen Mahnbescheid vom Gericht bewirken. Sie wissen selbst, daß Sie laut unserem Kaufvertrag zur Zahlung des restlichen Betrages verpflichtet sind.

Mit (noch) freundlichem Gruß

Mahnung vor Beantragung eines Mahnbescheides

Friedhelm Otter
Müßlegasse 16
34345 Wendigen

Wendingen, 2. 7. 19..

Amtsgericht
Mahnabteilung
Südstr. 23

34345 Wendigen

Antrag auf Erlaß eines Mahnbescheides

Sehr geehrte Damen und Herren,

am 22. 4. 19.. verkaufte ich an Herrn Karl Lauterbach, wohnhaft in 34564 Ottingen, Hauptstr. 107, meinen Wagen für 9.500 DM. Herr Lauterbach bezahlte mir 6.000 DM und versprach mir, die restlichen 3.500 DM innerhalb einer Woche zu bezahlen.

Trotz wiederholter Mahnungen habe ich mein Geld bis heute noch nicht erhalten, obwohl Herr Lauterbach aufgrund des Kaufvertrages zu der Zahlung verpflichtet ist.

Deshalb stelle ich hiermit den Antrag auf Erlaß eines Mahnbescheides. Eine Kopie des Kaufvertrages habe ich beigefügt.

Mit freundlichen Grüßen

Anlagen
Kopie des Kaufvertrages
Antragsformular

Antrag auf Mahnbescheid des Gerichtes

Karl-Wilhelm Schneider
Stangierstr. 24
70888 Werkelbach

Werkelbach, 23. 7. 19..

Amtsgericht
Postfach 200

70803 Friesenhain

Antrag auf Ratenzahlung einer Geldstrafe – Aktenzeichen WT 457/1

Sehr geehrte Damen und Herren,

wegen eines Verkehrsdeliktes wurde ich am 25. 6. 19.. zu einer Geldstrafe von 1.500 DM verurteilt.

Leider bin ich im Moment nicht in der Lage, diesen Betrag zu bezahlen. Wegen des Verkehrsdeliktes, es handelte sich um Trunkenheit am Steuer, wurde ich entlassen und bin nun arbeitslos.

Das Arbeitslosengeld reicht gerade, um meine Familie zu ernähren. Deshalb bitte ich darum, mir die Möglichkeit einzuräumen, den Betrag in Raten zu 100 DM abzuzahlen.

Eine Bescheinigung des Arbeitsamtes über die Höhe des Arbeitslosengeldes liegt bei.

Mit freundlichen Grüßen

Anlage
Bescheingung des Arbeitsamtes

Antrag auf Stundung (Ratenzahlung) einer Geldstrafe

Polizei

Viele polizeiliche Aufgaben werden von den Ordnungsämtern, die den Kommunalbehörden angegliedert sind, als Ortspolizeibehörden wahrgenommen (siehe S. 49–50).

Aufgaben des Polizeidienstes

Der allgemeine Polizeidienst übernimmt die unterschiedlichsten Aufgaben zum Schutz der Bevölkerung. Angefangen von der Straßenverkehrskontrolle, über den Personenschutz, Autobahndienst, die Ringfahndung, Aufnahme von Verkehrsunfällen und Straftaten bis zur vorbeugenden Beratung zur Verhinderung von Verbrechen reicht ihre breit gefächerte Einsatzpalette.

Unfälle mit Personenschäden

Wenn man den Notruf 110 wählt, geht dieser Ruf zunächst zur Polizei. Sie organisiert und koordiniert die notwendigen Rettungsmaßnahmen. Bei jedem Unfall mit Personenschäden muß die Polizei benachrichtigt werden. Dabei ist es gleichgültig, ob dieser Unfall sich im Straßen-, Luft- oder Schiffsverkehr ereignet hat.

Anzeige einer Straftat

An die Polizeibehörden wendet man sich auch, um eine Straftat anzuzeigen. Die genauen Bezeichnungen der Polizeidienste, wie Bezirkspolizeidienst oder Schutzpolizei-Inspektion, ihre Telefonnummern und Adressen findet man im Telefonbuch unter dem Stichwort „Polizei".

Eberhard Meinhard
Erberstr. 36
04513 Obstöcken
Tel. 0111/4789

Obstöcken, 13. 5. 19..

Bezirkspolizeidienst
Untere Quellstr. 107

01010 Strudelstadt

Anzeige eines Verkehrsdeliktes

Sehr geehrte Damen und Herren,

am 12. 5. 19.. fuhr ich gegen 15.00 Uhr mit meinem Pkw von Obstöcken nach Meusingen. Kurz vor dem Ortsschild Meusingen kam mir ein Lastwagen entgegen. Er hätte hinter einem auf seiner Fahrspur geparkten Pkw halten müssen, da auf meiner Seite die Fahrspur frei war. Trotzem fuhr der Fahrer weiter und rammte den geparkten Pkw. Er kümmerte sich nicht um den Schaden und setzte seine Fahrt fort.

Ich hielt sofort, um mir die Nummer des Wagens zu notieren. Es handelt sich um das Kennzeichen MEU – KK 67. Da ich selbst einmal auf ähnliche Weise geschädigt wurde, ohne meinen Schaden je ersetzt zu bekommen, möchte ich eine Anzeige machen, um dem geschädigten Pkw-Fahrer zu seinem Recht zu verhelfen.

Mit freundlichem Gruß

Gerhard Weiß
Fabelweg 2
90903 Schutzstadt

Schutzstadt, 3. 9. 19..

Schutzpolizeiinspektion
Postfach 303

90900 Friebenstadt

Anzeige wegen Körperverletzung

Sehr geehrte Damen und Herren,

gestern war Schützenfest in Schutzstadt. Ich stand mit meiner Frau und einigen Bekannten im Festzelt, um ein Bier zu trinken.

Plötzlich kamen einige Burschen und verlangten, wir sollten den Platz an der Theke freimachen. Da wir uns weigerten, trat mir einer von ihnen, er war etwa 25 Jahre alt und trug einen Oberlippenbart, gegen das Bein, bevor sie sich einen anderen Platz suchten. Am Bein hatte ich eine schwach blutende Schürfwunde. Meine Bekannten und ich sind bereits über 60 Jahre alt. Deshalb konnten wir uns gegen die kräftigen Burschen nicht zur Wehr setzen.

Heute morgen war mein Bein schmerzhaft geschwollen. Deshalb mußte ich einen Arzt aufsuchen, der die Wunde behandelte.

Ich erstatte hiermit Strafanzeige wegen Körperverletzung. Wie ich herausfand, wohnen die Burschen im Nachbarort. Meine Bekannten und einige Besucher des Festes sind bereit, als Zeugen auszusagen.

Mit freundlichem Gruß

Schule

Alle, die Kinder haben, werden ab und zu Briefe an Schulen und Schulbehörden schreiben müssen. Dabei handelt es sich im wesentlichen um Entschuldigungsschreiben, Bitte um Beurlaubung oder Freistellung vom Unterricht, Antrag auf Schulwechsel, Bitte um einen Gesprächstermin.

Entschuldigungsschreiben

Wenn ein Kind wegen Krankheit nicht am Unterricht teilnehmen kann, muß die Schule innerhalb von zwei Tagen eine Entschuldigung erhalten. Für Schüler bis zum 18. Lebensjahr müssen Entschuldigungsschreiben von den Eltern oder den Erziehungsberechtigten geschrieben bzw. unterschrieben werden. Ab dem 18. Lebensjahr können die Schüler selbst ihre Entschuldigungsschreiben unterschreiben.

Beantragung von Urlaub

Die Schule kann nur im Rahmen der gültigen Bestimmungen Urlaub erteilen. Die Bestimmungen sind in den einzelnen Bundesländern zum Teil unterschiedlich. In einigen Ländern kann der Klassenlehrer bzw. Stammkursleiter Schüler bis zu drei Tage beurlauben. Darüber hinaus muß der Schulleiter den Urlaub genehmigen. Für den letzten Tag vor und den ersten Tag nach den Ferien kann nur der Schulleiter beurlauben.

Urlaub aus religiösen Gründen

Für bedeutende religiöse Feiern und Feiertage und für den Besuch des Gottesdienstes an solchen Tagen muß die Schule Urlaub erteilen. Allerdings ist in Deutschland an den meisten hohen christlichen Feiertagen sowieso schulfrei. Für andere religiöse Feiern und für Feiertage anderer Religionsgemeinschaften, an denen in Deutschland nicht schulfrei ist, muß Urlaub beantragt werden. Bis zum 18. Geburtstag des Schülers stellen die Erziehungsberechtigten den Urlaubsantrag. Danach stellt ihn der Schüler selbst.

Freistellung vom Unterricht

Freistellungen vom Untericht können beantragt werden, wenn ein Schüler wegen Krankheit oder einer Verletzung nicht am Sportunterricht teilnehmen kann. Darüber hinaus kann ein Schüler vom Religionsunterricht befreit werden.

Freistellung vom Religionsunterricht

Vom 12. bis 14. Lebensjahr können Schüler die Befreiung vom Religionsunterricht mit Zustimmung der Eltern beantragen. Mit 14 Jahren sind Jugendliche religionsmündig und können selbst diesen Antrag stellen. Es gibt allerdings Unterschiede in den einzelnen Ländern. Man kann sich darüber bei der Schule informieren. Wenn an der Schule Ethik-Unterricht erteilt wird, kann der Schüler zum Besuch dieses Unterrichtes verpflichtet werden.

Informationen über den Leistungsstand

Lehrer und Eltern müssen bei der Erziehung der Kinder möglichst konstruktiv zusammenarbeiten. Die meisten Eltern werden sich öfter über den Leistungsstand und die Mitarbeit ihrer Kinder informieren wollen. Wenn die Eltern Fragen und Probleme haben, sollte der Lehrer darüber informiert werden. Die Eltern haben ein Informationsrecht, und die Schule hat eine Informationspflicht, was die Leistungen und die Situation des Kindes in der Schule anbelangt.

Zusammenarbeit zwischen Eltern und Lehrer

Bei der Zusammenarbeit zwischen Eltern und Lehrern entstehen ab und zu auch Meinungsverschiedenheiten. Bevor es aber zu größeren Konflikten kommt, sollten beide Seiten stets ein klärendes Gespräch suchen. Eltern sollten zu diesem Zweck um einen Gesprächstermin bitten.

Briefe an einen Lehrer sollte man nicht mit Ärger im Bauch schreiben. Vor allem sollte man sich zunächst über den Sachverhalt informieren. Dabei ist eine gewisse Skepsis dem eigenen Kind gegenüber angebracht. Es stellt einen Vorfall aus seiner Sicht dar, ohne bewußt lügen zu wollen. Es bleibt aber nicht aus, daß auch ein Lehrer einmal einen Fehler macht. Wenn man ihn höflich darauf hinweist, wird er vielleicht sogar dankbar sein.

Günter Kaiser
Parkstr. 4
77555 Melzhain

Melzhain, 24. 6. 19..

Hermann-Gmeiner-Schule
Herrn Günter Seifert
Siegstr. 15

77550 Betzeldorf

Entschuldigung

Sehr geehrter Herr Seifert,

mein Sohn Karl hatte eine starke Erkältung und konnte deshalb am Freitag, dem 23. 6. 19.., am Unterricht nicht teilnehmen.

Mit freundlichen Grüßen

Entschuldigungsschreiben an den Lehrer

Günter Kaiser
Parkstr. 4
77555 Melzhain

Melzhain, 11. 6. 19..

Hermann-Gmeiner-Schule
Herrn Günter Seifert
Siegstr. 15

77550 Betzdorf

Beurlaubung meines Sohnes Klaus

Sehr geehrter Herr Seifert,

am Freitag, dem 13. 6. 19.., wird meine Mutter in München beerdigt. Meine Frau und ich müssen schon morgens früh abfahren, um an der Beerdigung teilnehmen zu können.

Deshalb bitten wir Sie, unseren Sohn für Freitag zu beurlauben.

Mit freundlichen Grüßen

Antrag auf Beurlaubung 1.

Petra Maurer
Goetheplatz 3
62000 Odenfurt

Odenfurt, 23. 5. 19..

Kaufmännische Berufsschule
Kellerstr. 17

62000 Odenfurt

Bitte um Beurlaubung

Sehr geehrter Herr Direktor Brandt,

vom 5. 7. bis zum 13. 7. 19.. möchte ich mit meinen Eltern nach Dänemark fahren. Ich bitte Sie deshalb, mich in dieser Zeit vom Unterricht zu beurlauben.

Selbstverständlich werde ich den versäumten Unterrichtsstoff nacharbeiten.

Mit freundlichen Grüßen

Antrag auf Beurlaubung 2.

Antrag auf Befreiung vom Sportunterricht

Günter Kaiser
Parkstr. 4
77555 Melzhain

Melzhain, 22. 10. 19..

Hermann-Gmeiner-Schule
Herrn Direktor Kell
Siegstr. 15

77550 Betzeldorf

Befreiung vom Sportunterricht

Sehr geehrter Herr Direktor Kell,

unser Sohn Klaus kann nach seinem Fahrradunfall sein Knie noch nicht richtig bewegen. Eine Teilnahme am Sportunterricht ist ihm nicht möglich.

Der behandelnde Orthopäde Dr. Kahl vertritt die Ansicht, daß dieser Zustand noch ein halbes Jahr anhalten wird.

Deshalb bitten wir Sie, unseren Sohn für das nächste Schulhalbjahr vom Sportunterricht zu befreien.

Wir haben ein Attest des behandelnden Arztes beigefügt.

Mit freundlichen Grüßen

Anlage

Günter Kaiser
Parkstr. 4
77555 Melzhain

Melzhain, 15. 5. 19..

Hermann-Gmeiner-Schule
Herrn Günter Seifert
Siegstr. 15

77550 Betzeldorf

Vereinbarung eines Gesprächstermins

Sehr geehrter Herr Seifert,

wir möchten, daß unser Sohn Klaus nach dem 4. Schuljahr die Realschule besucht.

Die letzten Arbeiten gaben uns jedoch Anlaß zur Sorge. Wir haben den Eindruck, daß er in seinen Leistungen nachgelassen hat.

Deshalb möchten wir gerne einmal mit Ihnen darüber reden. Teilen Sie uns bitte einen Besprechungstermin mit. Da ich selbst gerne mit dabei sein möchte, wäre mir ein Termin nach 16.00 Uhr lieb.

Mit freundlichen Grüßen

Bitte um Gesprächstermin

Arbeitsamt

Das Arbeitsamt übernimmt vielfältige Aufgaben rund um Arbeit, Beruf und berufliche Bildung. Aufgabenschwerpunkte des Arbeitsamtes sind:

- Berufsberatung,
- Vermittlung von Arbeitsstellen,
- Gewährung von Arbeitslosengeld und Arbeitslosenhilfe,
- Förderung der beruflichen Bildung,
- Leistungen zur Schaffung und Erhaltung von Arbeitsplätzen,
- Zahlung von Konkursausfallgeld,
- Gewährung von Kindergeld für Arbeitnehmer, die nicht im öffentlichen Dienst tätig sind.

Arbeitslosengeld, Arbeitslosenhilfe

Um Arbeitslosengeld und Arbeitslosenhilfe zu erhalten, muß man persönlich auf dem Arbeitsamt einen Antrag stellen. Dazu ist unbedingt der Personalausweis mitzubringen, damit die Identität des Antragstellers festgestellt werden kann. Zur Vermittlung einer Arbeitsstelle muß man ebenfalls persönlich auf dem Arbeitsamt vorsprechen. Außer dem Personalausweis muß man den Sozialversicherungsausweis vorlegen.

Kindergeld

Kindergeld wird normalerweise nur für Kinder bis zum 16. Lebensjahr bezahlt. Wenn ein Kind jedoch länger in der Ausbildung ist, kann das Kindergeld bis zum 27. Lebensjahr gewährt werden. Die Weiterzahlung des Kindergeldes muß unter Vorlage einer Studien- oder Ausbildungsbescheinigung beim Arbeitsamt beantragt werden.

Karl Kaiser
Domstr. 19
81818 Treuten

Treuten, 2. 11. 19..

Arbeitsamt Treuten
Postfach 1010

81818 Treuten

Fragen zur Berufswahl – Beratungstermin

Sehr geehrte Damen, sehr geehrte Herren,

in etwa einem halben Jahr werde ich die Schule mit dem Realschulabschluß verlassen. Leider bin ich mir in meiner Berufswahl sehr unschlüssig.

Mein Klassenlehrer hat mir deshalb empfohlen, daß ich mich mit Ihnen in Verbindung setze. Vielleicht kann man in einer Berufsberatung feststellen, für welche Berufe ich mich am besten eigne. Eine Kopie des Zwischenzeugnisses füge ich als Anlage bei.

Sicher können Sie mir auch sagen, in welchen Berufen günstige Aussichten bestehen und ab wann man sich bewerben muß.

Bitte teilen Sie mir einen Beratungstermin mit.

Für Ihre Bemühungen bedanke ich mich schon jetzt herzlich.

Mit freundlichen Grüßen

Anlage

Bitte um einen Beratungstermin

Anton Glaubitz
Wegerstr. 83
76666 Morgenstadt

Morgenstadt, 14. 9. 19..

Arbeitsamt
Schulstr. 15

76666 Morgenstadt

Fortzahlung des Kindergeldes – Nr. 34673/24

Sehr geehrte Damen und Herren,

hiermit beantrage ich die Fortzahlung des Kindergeldes für meine Tochter Petra. Sie studiert an der Hochschule in Morgenstadt im ersten Semester Architektur. Das Studium wird voraussichtlich noch vier Jahre dauern.

Eine Studienbescheinigung der Hochschule habe ich beigefügt.

Mit freundlichen Grüßen

Anlage
Studienbescheinigung

Karl Meyer
Wesergasse 1
56776 Adendorf

Adendorf, 22. 8. 19..

Arbeitsamt
Postfach 1234

56776 Adendorf

Ausbildung zum Handwerksmeister – Antrag auf Unterhaltsgeld

Sehr geehrte Damen und Herren,

vor zwei Jahren habe ich die Gesellenprüfung im Malerhandwerk abgelegt. Nun möchte ich an der Meisterschule in Reufelstadt meine Meisterprüfung machen. Da der Unterricht ganztägig ist, muß ich während dieser Zeit in Reufelstadt wohnen.

Während meiner Weiterbildung bekomme ich von meinem Arbeitgeber keinen Lohn mehr. Eine Unterstützung durch meine Eltern scheidet aus, da mein Vater arbeitslos ist.

Darum stelle ich hiermit den Antrag auf Unterhaltsgeld für die Zeit meiner Ausbildung an der Meisterschule.

Mit freundlichen Grüßen

Gesetzliche Krankenkassen

Beitragsbemessungsgrenze

Arbeitnehmer in der Bundesrepublik sind bis zu einer bestimmten Einkommensgrenze (der Beitragsbemessungsgrenze) verpflichtet, Beiträge an die gesetzliche Krankenversicherung zu zahlen. Die Beiträge zur Krankenversicherung werden je zur Hälfte vom Arbeitgeber und vom Arbeitnehmer getragen. Wenn das Einkommen die Beitragsbemessungsgrenze übersteigt, kann man sich entscheiden, ob man einer privaten Krankenversicherung beitreten oder sich freiwillig in der gesetzlichen Krankenversicherung versichern will.

Aufgaben der Krankenkasse

Aus den Beiträgen bestreiten die Krankenversicherungen die Ausgaben. Sie übernehmen die Kosten, die durch eine Erkrankung, einen Arztbesuch oder Krankenhausaufenthalt entstehen. Zusätzlich hat die Krankenversicherung eine Fülle weiterer Aufgaben, beispielsweise:

- gesundheitsfördernde Maßnahmen,
- vorbeugende Maßnahmen zur Verhinderung von Erkrankungen,
- Früherkennung von Krankheiten,
- Hilfen bei Pflegebedürftigkeit,
- Zahlung von Krankengeld,
- Leistungen bei Schwangerschaft.

Kostenerstattung im Krankheitsfall

Mit der Kostenerstattung im Falle eines Arztbesuches oder eines Krankenhausaufenthaltes haben die Mitglieder der gesetzlichen Krankenversicherung im Prinzip nichts zu tun, da die Ärzte und Krankenhausverwaltungen direkt mit der Krankenkasse abrechnen. Die Patienten müssen beim Arztbesuch lediglich einen Krankenschein oder die Patienten-Chipkarte vorlegen. Privat Krankenversicherte müssen die Arztrechnungen selbst bezahlen. Sie erhalten die Ausgaben von ihrer Krankenkasse zurück. Man kann bei der Krankenkasse aber auch unbezahlte Rechnungen einreichen oder, insbesondere bei hohen Kosten für eine Operation, bei der Krankenkasse eine Kostenübernahmeerklärung beantragen und die Krankenhausverwaltung bitten, direkt mit der Krankenkasse abzurechnen.

Den Krankenkassen sind die sogenannten *Pflegekassen* angegliedert. Sie sind für die Kostenübernahme in Pflegefällen zuständig. Es werden drei Klassen von Pflegebedürftigkeit unterschieden: erheblich pflegebedürftig, schwer- und schwerstpflegebedürftig. Je nach Grad der Pflegebedürftigkeit, der vom Medizinischen Dienst festgestellt wird, erhält der Pflegebedürftige verschiedene Leistungen. Auch Pflegepersonen können finanzielle Unterstützung erhalten. Da das Antragsverfahren meist kompliziert ist und häufig Antragsformulare ausgefüllt werden müssen, wendet man sich am besten an die jeweilige Pflegekasse, die zur Beratung verpflichtet ist.

Gewährung von Pflegegeld

Wenn ein Pflegebedürftiger nicht mehr in der Lage ist, selbst einen Antrag zu stellen oder zu unterschreiben, kann ihn ein Angehöriger oder Bevollmächtigter vertreten.

Die Adresse der zuständigen Krankenkasse findet sich in den Versicherungsunterlagen, die der Ortskrankenkasse auch im Telefonbuch. Bei allen Schreiben an die Krankenkasse sollte man die Mitgliedsnummer des Versicherten angeben.

Übersendung eines Auslandskankenscheines

Peter Stener
Bachstr. 12
53724 Zeunhausen

Zeunhausen, 3. 4. 19..

Barmer Ersatzkasse
Udetstr. 26

53724 Zeunhausen

Übersendung eines neuen Auslandskrankenscheines
Mitglieds-Nr. 346667 57685

Sehr geehrte Damen und Herren,

für August habe ich einen dreiwöchigen Urlaub in Spanien gebucht.

Da die Versichertenkarte im Ausland nicht gilt, bitte ich um die Übersendung eines Auslandskrankenscheines.

Mit freundlichen Grüßen

Peter Stener
Bachstr. 12
53724 Zeunhausen

Zeunhausen, 19. 12. 19..

Barmer Ersatzkasse
Udetstr. 26

53724 Zeunhausen

Auszahlung des Sterbegeldes – Mitglieds-Nr. 555673 88221

Sehr geehrte Damen und Herren,

am 18. 12. 19.. ist meine Mutter, Maria Stener, geb. am 5. 10. 19.., verstorben. Überweisen Sie bitte das Sterbegeld auf das Konto Nr. 2345, BLZ 456 784 21, bei der Stadtsparkasse Zeunhausen.

Eine Sterbeurkunde ist beigefügt.

Mit freundlichen Grüßen

Anlage
Sterbeurkunde

Antrag auf Sterbegeld

Maria Steiner
Dorfstr. 23
46464 Mühldorf

Mühldorf, 4. 6. 19..

Allgemeine Ortskrankenkasse
Pflegekasse
Postfach 34346

46460 Meerstadt

Antrag auf Pflegegeld – Mitglieds-Nr. 333543 8882

Sehr geehrte Damen und Herren,

seit zwei Jahren bin ich völlig auf die Hilfe meiner Tochter angewiesen. Ich kann keine der notwendigen täglichen Verrichtungen alleine erledigen. Beim Aufstehen, Gehen, Waschen, Baden, Kämmen, beim Gang zur Toilette, beim Anziehen, Ausziehen und Zubettgehen bin ich auf Hilfe angewiesen.

Ich stelle deshalb hiermit den Antrag auf Pflegegeld. Bitte senden Sie mir die erforderlichen Antragsformulare zu. Vielleicht könnte mich auch einer Ihrer Mitarbeiter besuchen, mit dem ich die Einzelfragen besprechen könnte?

Mit freundlichen Grüßen

Antrag auf Pflegegeld

Gertrud Schwanger
Überlangstr. 24

33344 Kohlstadt

Kohlstadt, 31. 8. 19..

Allgemeine Ortskrankenkasse
Rheinuferstr. 109

33344 Kohlstadt

Antrag auf Krankengeld – Mitglieds-Nr. 65656 7773

Sehr geehrte Damen und Herren,

am 20. 8. 19.. wurde meine Tochter nach einer schweren Erkrankung aus dem Krankenhaus entlassen. Sie ist jedoch noch immer bettlägerig und braucht eine längere häusliche Pflege. Während dieser Zeit kann ich meinen Beruf bei der Firma Schneider AG in Kohlstadt nicht ausüben. Mein Urlaub ist jedoch schon aufgebraucht, so daß ich unbezahlten Urlaub nehmen muß.

Ich bitte Sie deshalb um Zahlung eines Krankengeldes, da ich keine weiteren Einnahmen mehr habe.

Eine Bescheinigung des Arztes über die Notwendigkeit der Pflege liegt bei.

Mit freundlichen Grüßen

Anlage

Rentenversicherungsträger

Renten dienen der Vorsorge für das Alter, für den Fall einer verminderten Erwerbstätigkeit oder der Versorgung von Hinterbliebenen. Die gesetzliche Rentenversicherung wird durch das Umlageverfahren finanziert, d.h. der einzelne Beitragszahler spart nicht seine eigene Rente für die Zukunft an, sondern die Beiträge werden zur Finanzierung der gegenwärtig gezahlten Renten verwendet. Die Beiträge werden wie die zur Kranken-, gesetzlichen Unfall- und Arbeitslosenversicherung vom Gehalt abgezogen.

Finanzierung der Rente

Die Träger der Rentenversicherung sind die Bundesversicherungsanstalt für Angestellte (BfA) in Berlin, die Landesversicherungsanstalten (LVA) für Arbeiter in den einzelnen Bundesländern und die Sonderanstalten (Seekasse, Bundesbahnversicherungsanstalt).

Aufgaben der Rentenversicherung

Zu den Aufgaben der Rentenversicherungsträger gehören nicht nur das Zahlen von Renten, sondern auch Leistungen zur Rehabilitation und Aufklärung und Beratung der Versicherten und Rentner. Ferner werden auch Beiträge zur Krankenversicherung der Rentner gezahlt und schließlich auch Beiträge erstattet, wenn es zu keiner Rentenzahlung kommt.

Bei der gesetzlichen Rentenversicherung wird zwischen Pflichtversicherten und freiwillig Versicherten unterschieden. Pflichtversichert ist, wer gegen Arbeitsentgelt oder zu seiner Berufsausbildung beschäftigt ist. Unter bestimmten Voraussetzungen können Nicht-Pflichtversicherte eine freiwillige Versicherung beantragen. Über die näheren Umstände sollte man sich im Einzelfall informieren.

Gewährung einer Rente

Die Gewährung einer Rente hängt von bestimmten Wartezeiten (Beitragszeiten), einer Altersgrenze, von medizinischen Voraussetzungen und Sondervoraussetzungen für Renten wegen Berufs- oder Erwerbsunfähigkeit ab. Außer den Zeiten, in denen Beiträge gezahlt worden sind, können auch bestimmte andere Zeiten als Beitragszeiten angerechnet werden, beispielsweise Kindererziehungszeiten oder Zeiten der Pflege eines Pflegebedürftigen.

Die rentenrechtlichen Bestimmungen im einzelnen sind sehr kompliziert. Man sollte sich deshalb in Rentenfragen beraten lassen. In regelmäßigen Abständen führen die BfA und die Landesversicherungsanstalten in größeren Gemeinden Beratungen durch. Es ist empfehlenswert, frühzeitig prüfen zu lassen, ob alle Voraussetzungen für die Gewährung einer Rente gegeben sind, so daß noch Zeit bleibt, eventuell bestehende Versorgungslücken zu schließen.

Beratung in Rentenangelegenheiten

Bei der Korrespondenz mit den Versicherungsträgern sollte man immer die Versicherungsnummer angeben. Sie findet sich im Rentenversicherungsheft.

Antrag auf Erstattung von Rentenversicherungsbeiträgen

Maria Müller
Hauptstr. 17
33333 Rheindorf

Rheindorf, 2. 7. 19..

Bundesversicherungsanstalt
für Angestellte
Ruhrstr.

10709 Berlin

Versicherungsnummer 52 179329 M 011

Sehr geehrte Damen und Herren,

im September diesen Jahres vollende ich mein 65. Lebensjahr. Wegen fehlender Anspruchsvoraussetzungen steht mir leider keine Altersrente zu.

Ich beantrage deshalb hiermit, mir die eingezahlten Beiträge zu erstatten. Bitte senden Sie mir die erforderlichen Antragsformulare zu. Könnten Sie mir bitte auch bereits mitteilen, wann ich mit der Erstattung rechnen kann?

Mit freundlichen Grüßen

Paul Schrader
Schillerstr. 17
44444 Mühlhausen

Mühlhausen, 22. 10. 19..

Bundesversicherungsanstalt
für Angestellte
Ruhrstr.

10709 Berlin

Versicherungsnummer 54 189454 S 014

Sehr geehrte Damen und Herren,

seit dem 1. 7. 19.. bin ich im Architekturbüro Müller & Franzen als Angestellter beschäftigt. Seitdem habe ich regelmäßig Rentenbeiträge gezahlt.

Ich beabsichtige nun, mich als Architekt selbständig zu machen und ab Januar nächsten Jahres ein eigenes Büro zu eröffnen.

Damit ich meine Altersversorgung planen kann, benötige ich Informationen darüber, ab wann ich aufgrund der bereits gezahlten Beiträge mit einer Rente rechnen kann und wie hoch diese sein wird. Ich bitte Sie daher, mir eine Aufstellung über den bisherigen Versicherungsverlauf zuzusenden.

Könnten Sie mich bitte auch über die Möglichkeiten der freiwilligen Weiterversicherung informieren?

Mit freundlichen Grüßen

Anforderung eines Versicherungsverlaufs

Gebühreneinzugszentrale (GEZ)

Jeder Rundfunkhörer und Fernsehzuschauer ist verpflichtet, die Empfangsgeräte bei der GEZ anzumelden. Dabei wird ein Unterschied gemacht zwischen Geräten, die privat genutzt werden, und geschäftlich/gewerblich genutzten Geräten.

Privat genutzte Geräte

Privathaushalte brauchen nur das erste Radio- und Fernsehgerät anzumelden und dafür Gebühren zu bezahlen. Weitere Geräte, die von Haushaltsangehörigen ohne eigenes Einkommen betrieben werden, sind anmeldefrei. Dazu gehören auch die Autoradios. Rundfunkgeräte in Zeit- und Ferienwohnungen müssen jedoch gesondert angemeldet werden. Auch Haushaltsangehörige mit eigenem Einkommen müssen ihre Geräte selbst anmelden.

Gewerblich genutzte Geräte

Behörden, freiberuflich Tätige und Betriebe müssen jedes einzelne Gerät anmelden und dafür zahlen. Auch das Radio im gewerblich genutzten Auto muß also gesondert angemeldet werden.

Teilnehmernummer

Die GEZ teilt jedem Rundfunkteilnehmer eine Nummer zu. Diese Teilnehmernummer ist bei allen Schreiben an die GEZ anzugeben. Man findet sie auf dem Kontoauszug der Bank, bei der die Gebühren abgebucht werden, oder auf der Einzahlungsquittung. Wenn sich Name, Anschrift oder Bankverbindung ändern, muß man dies der GEZ mitteilen.

Rückwirkende Abmeldung nicht möglich

Solange bei der GEZ keine Abmeldung vorliegt, muß man für das Gerät bezahlen. Eine rückwirkende Abmeldung ist nicht möglich. Man sollte also seine Kontoauszüge genau kontrollieren und ab und zu überprüfen, ob noch alle Abbuchungsaufträge notwendig sind.

Man kann die An-, Ab- und Ummeldung eines Gerätes formlos vornehmen. Bei allen Banken liegen allerdings auch Formulare dafür aus.

Ida Mertens
Cirkusweg 6
91212 Altmengen-Krohn

Altmengen-Krohn, 13. 3. 19..

GEZ

50656 Köln

Abmeldung von Radio und Fernsehgerät
Rundfunkteilnehmer-Nr. 294067444

Sehr geehrte Damen und Herren,

meine Mutter, Anna Mertens, geb. am 12. 10. 19.., gleiche Adresse wie oben, ist 87 Jahre alt und hört seit Jahren weder Radio noch benutzt sie den Fernseher. Beide Geräte waren nicht mehr betriebsbereit und mußten entsorgt werden.

Ich melde deshalb hiermit im Namen meiner Mutter beide Geräte ab, da sie selbst dazu nicht mehr in der Lage ist.

Mit freundlichen Grüßen

Abmeldung eines Rundfunk- und Fernsehgerätes

Was erledige ich wo?

Die folgende Aufstellung gibt eine Antwort auf die Frage „Was erledige ich wo?“. Einige Ämter sind der Kommunalverwaltung, andere der Kreisverwaltung angegliedert (siehe dazu S. 48–50 und 80–81). In einigen Fällen kann man sich sowohl an die Kommunal- wie an die Kreisverwaltung wenden.

Anlaß	Amt/Behörde
***A**bfallbeseitigung*	Amt für Umweltschutz
Adoption	Jugendamt
Altenbetreuung	Sozialamt
An-, Ab-, Ummeldungen	Einwohnermeldeamt
Arbeitslosengeld/Arbeitslosenhilfe	Arbeitsamt
Arbeitsvermittlung	Arbeitsamt
Asylantrag	Einwohnermeldeamt
Ausbildungsförderung	Jugendamt
Ausländerbetreuung	Sozialamt
***B**augenehmigung*	Bauamt
Beglaubigungen	Einwohnermeldeamt/Standesamt/Versicherungsamt
Behindertenbetreuung	Sozialamt
Berufsberatung	Arbeitsamt
***E**heschließung*	Standesamt
Einkommensteuer	Finanzamt
Erziehungsgeld	Erziehungsgeldstelle
***F**ahrausweise für Schüler*	Schulamt
Führerschein	Ordnungsamt/Zulassungsstelle
Fundbüro	Ordnungsamt
***G**eburtenanmeldung*	Standesamt
Gewerbeangelegenheiten	Ordnungsamt
***H**undesteuer*	Finanzabteilung der Kommunalverwaltung
***I**mmissionsschutz*	Amt für Umweltschutz
***J**ugendschutz*	Jugendamt

Anlaß	Amt/Behörde
Kinderausweis	Einwohnermeldeamt
Kindergärten	Jugendamt
Kindergeld	Arbeitsamt
Kfz-Angelegenheiten	Ordnungsamt/Zulassungsstelle
Krankengeld	Krankenkasse
Kriegsopferfürsorge	Sozialamt
Kur	Krankenkasse/Rentenversicherungsträger
Lebensbescheinigungen	Einwohnermeldeamt
Lohnsteuer	Finanzamt
Lohnsteuerkarte/Änderungen	Einwohnermeldeamt
Mahnbescheid	Amtsgericht
Musterung	Kreiswehrersatzamt
Mutterschaftsgeld	Krankenkasse
Nachforschungsantrag	Post
Namensänderungen	Einwohnermeldeamt
Naturschutz	Amt für Umweltschutz
Paß/Personalausweis	Einwohnermeldeamt
Pflegegeld	Sozialamt/Pflegekasse
Polizeiliches Führungszeugnis	Einwohnermeldeamt
Rentenangelegenheiten	Rentenversicherungsträger
Schulangelegenheiten	Schulamt
Schularzt	Gesundheitsamt
Schülerbeförderung	Schulamt
Sozialhilfe	Sozialamt
Sterbegeld	Krankenkasse/Rentenversicherungsträger
Sterbeurkunde	Standesamt
Steuerangelegenheiten	Finanzamt
Telefon	Telekom
Tierschutz	Amt für Umweltschutz
Übergangsgeld	Krankenkasse/Rentenversicherungsträger
Umschulung	Arbeitsamt
Unterhaltsgeld	Arbeitsamt
Vormundschaftsangelegenheiten	Jugendamt/Sozialamt
Waffenbesitzschein	Ordnungsamt
Wohngeld	Wohngeldstelle

Sachregister

Die **halbfetten** Seitenzahlen verweisen auf Musterbriefe.